商标先生和前联合国秘书长科菲·安南-合影

商标先生和德国前总统伍尔夫-合影

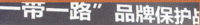

方强 ◎ 著

# 商标之道

这是一本唤醒创业者和企业家商标意识、品牌保护意识的图书，让更多的创业者和企业家懂得如何保护自己的品牌权益，并懂得挖掘商标和品牌的价值。本书分为上下两篇，上篇讲述了"商标先生"方强的个人商标经历，下篇主要解析了两大经典商标案例和常见的十大商标问题。

全书深入浅出，介绍了大量的商标案例、商标品牌故事、商标常识、商标申请实操等，是企业家和创业者保护自己品牌必备的一本图书！

## 图书在版编目（CIP）数据

商标之道 / 方强著 . -- 北京：机械工业出版社，2019.3
ISBN 978-7-111-62054-9

Ⅰ . ①商… Ⅱ . ①方… Ⅲ . ①商标学 Ⅳ . ① F760.5

中国版本图书馆 CIP 数据核字（2019）第 032056 号

机械工业出版社（北京市百万庄大街22号邮政编码100037）
策划编辑：王　茹　　责任编辑：康会欣
责任校对：刘晓宇　　责任印制：赵晓晨
装帧设计：王晓园
北京华联印刷有限公司印刷
2019 年 3 月第 1 版·第 1 次印刷
165mm×235mm·18 印张·230 千字
标准书号：ISBN 978-7-111-62054-9
定价：88.00 元

凡购本书，如有缺页、倒页、脱页，由本社发行部调换

**电话服务**　　　　　　　　　　**网络服务**
社服务中心：(010) 88361066　　教 材 网：http://www.cmpedu.com
销售一部：(010) 68326294　　机工官网：http://www.cmpbook.com
销售二部：(010) 88379649　　机工官博：http://weibo.com/cmp1952
读者购书热线：(010) 88379203　　封面无防伪标均为盗版

# 自序

撰写本书,是为了分享与回报。

我想把10年以来创业的收获和经验,尽可能地整理出来,与更多怀揣梦想的创业者分享,帮助他们发现潜能,把握改变与创新的机会。同时,也是对于支持和帮助我的提携者,不离不弃的工作伙伴,以及挚爱家人的一种回报。

我,是一个从大别山里走出来的"草根"。从小,我就是别人眼中的笨蛋,学习成绩差,还爱调皮捣蛋,是名副其实的学渣。然而,父母的勤劳、朴素与善良,是我终生效仿的模板,姐姐的懂事和悉心照顾,让我成了一个有大爱情怀的人。

15岁在安徽上技校,我的生命由此开始改变,人生变得有梦想,有目标。17岁时,在深圳电工实习招聘中被无情地刷了下来,我不得已投靠了远在福建石狮做商标的表哥,第一次踏上了商标之路。

2006年,我开始了第一次创业,选址浙江台州玉环,最后因盲目投资项目，太过相信朋友而使公司走到破产边缘，公司倒闭。

2012年，我二次创业，走上"互联网+商标"之路。其间经历不同性质的信任危机，直到危机解除，公司走上正轨。

在我至今31年的人生历程中，和商标的缘分已经延续了20年。

我11岁时知道商标，16岁做兼职接触商标，17岁工作时做商标企业网站建设，25岁开始"互联网+商标"创业。20年来，我一直在商标的路上前行着，有过波澜，有过曲折，直到走出了一条"互联网+商标"的康庄大道。

在商标这条道路上，我见证了一个又一个品牌的变迁和崛起，见证了商标世界20年来的飞速发展和巨大变化。我和商标的一切因缘际会，都像是冥冥中注定，我为商标而生！商标是我一生的事业！

创业路上的风风雨雨，带来的不仅是物质上的收获，精神上的成长，更让我深刻见证了正能量的巨大。我们的思维和意志力，强大到足以扭转命运的齿轮。我，就是一个活生生的例子。

许多人把我当成一个传奇，也有很多朋友希望能认识我，希望我能给他们一些建议和答案。对我而言，最好的回答，就是正能量的思考方式。对现状不满意而有志向创业的朋友，只要专注目标，相信自己，永不放弃，一定会成功。

真心感谢一路上陪伴我的家人、贵人，以及打击过我的人，是这些人让"一无所有"的山村孩子发挥特长、大展身手，获得自信和成就。家人的义无反顾，朋友的互相扶持，是给予我的最大支持，让我有更大的动力去创造卓越的成长机会。

# 目 录

**自序**

**序篇**

**为商标而生**

老方家的头号男丁 / 002

泥泞中的山娃 / 003

以爱的名义 / 005

别人眼中的笨蛋 / 008

走出大别山 / 008

"请你放弃吧" / 009

梦想由此发芽 / 011

# 目录

## 上篇 我的商标之道

### 第 1 章 剑未佩妥，出门已是江湖 / 016

销售成长之路 / 017

拿父亲的救命钱来创业 / 019

创业做什么 / 022

天道终酬勤 / 025

第一次危机 / 027

### 第 2 章 东山再起 / 029

第二次商标创业 / 033

"商标先生"——互联网商标第一人 / 035

"戴帽子的商标先生"——个人标签 / 037

拓展人脉圈 / 041

第二次危机 / 045

### 第 3 章 抱团打天下 / 049

"买标网"平台建设 / 053

"买标网"平台五大核心板块 / 055

个人 IP 爆炸式发展 / 059

梦想还将继续 / 060

**商标之道**

**下篇**

**商标先生讲商标**

第 4 章　商标案例：市场未动，商标先行 / 065

案例一："粉嫩公主"历险记 / 065

案例二：森舟茶业"满口香"商标终获确权 / 070

第 5 章　商标意识问题 / 075

商标的起源 / 075

商标在中国 / 077

强商标和弱商标 / 079

商标的重要性和价值 / 081

商标不注册就使用的隐患 / 082

商标和版权 / 084

初创企业该如何选商标 / 087

案例分享 / 089

第 6 章　商标注册问题 / 093

如何进行商标注册 / 093

商标注册的具体流程 / 094

商标注册需要遵循的原则 / 098

"申请在先"和"使用在先" / 099

# 目录

**下篇**

**商标先生讲商标**

注册商标前的检索工作 / 100

注册商标时注意的问题和事项 / 101

哪些标志不得作为商标使用 / 104

图形商标和文字商标哪个更好 / 105

注册商标选彩色还是黑白色 / 106

汉字商标与拼音商标、外文商标如何判断近似 / 109

商标分类注册 / 111

商标全类注册 / 114

商标全类注册的好处 / 114

哪些情况适合全类注册 / 117

注册商标后享有哪些权利 / 119

商标许可使用权 / 120

注册商标的好处 / 121

商标注册成功后就可以高枕无忧了吗 / 122

商标注册蹭热点是否可取 / 124

案例分享 / 125

**下篇**

**商标先生
讲商标**

### 第 7 章　商标国际注册问题 / 132

注册国际商标的注意事项 / 132

国际商标在中国是否可以使用 / 133

注册国际商标的 3 个选择 / 133

国际商标注册和欧盟商标注册的区别 / 134

申请注册国际商标该如何选择商标代理公司 / 136

知识产权的国际保护基本原则 / 137

案例分享 / 140

### 第 8 章　商标抢注问题 / 145

什么是商标抢注 / 145

商标为什么会被抢注 / 146

防止抢注的措施有哪些 / 147

中国企业商标为何老被抢注 / 148

什么是恶意抢注 / 151

如何界定不正当手段 / 152

遭遇恶意抢注如何维权 / 153

抢注商标维权的证据清单 / 154

案例分享 / 156

# 目录

**下篇**

**商标先生讲商标**

### 第 9 章 商标异议问题 / 159

什么是商标异议 / 159

谁可以提出商标异议 / 160

商标异议的办理流程 / 160

商标异议需要提供哪些证据 / 161

商标被异议了怎么办 / 162

商标异议答辩 / 163

案例分享 / 163

### 第 10 章 商标驳回问题 / 169

什么情况下商标会被驳回 / 169

商标被驳回后如何应对 / 170

商标驳回复审的注意事项 / 171

商标评审委员会审理的 5 种案件类型 / 172

如何降低商标的驳回率 / 173

预先做好商标被驳回的准备 / 175

案例分享 / 176

商标之道

## 下篇 商标先生讲商标

### 第 11 章 商标转让问题 / 181

什么是商标转让 / 181

为什么选择商标转让 / 182

与注册商标对比，商标转让的优势 / 183

与商标许可相比，商标转让的优势 / 185

商标转让的注意事项 / 186

特殊情况下的商标转让 / 187

商标转让价值如何评估 / 189

哪些情况下商标转让无效 / 190

商标闲置与商标转让 / 191

商标转让与商标权质押 / 192

商标权质押注意事项 / 193

案例分享 / 195

### 第 12 章 商标撤销问题 / 200

商标注销和商标撤销的区别 / 200

商标撤销法则 / 201

提出撤销申请要有正当理由 / 202

连续 3 年不使用商标的正当理由 / 203

案例分享 / 205

# 目 录

**下篇**

**商标先生讲商标**

第 13 章 商标保护问题 / 208

如何保护自己的商标 / 208

申请期间的商标如何保护 / 209

在先权利对商标权利的保护 / 209

注册防御商标进行商标保护 / 215

商标变更和商标续展如何保护商标 / 217

商标使用有地域限制吗 / 219

四大重点领域品牌保护类别推荐 / 221

案例分享 / 225

**商标先生讲商标**

第 14 章 商标维权问题 / 229

为什么要了解商标维权 / 229

商标侵权的认定 / 229

商标侵权的 9 种形态 / 231

使用相同或者近似商标一定构成侵权吗 / 232

处理商标侵权的 2 种途径 / 233

商标维权 4 步走 / 234

超出商标授权范围也构成侵犯商标权 / 235

被诉侵犯他人注册商标权该如何处理 / 237

案例分享 / 239

## 附录

附录 A　感恩墙 / 246

附录 B　明星客户商标 / 251

## 编后

一切品牌从商标开始 / 261

商标之道

# 序篇

为商标而生

## 老方家的头号男丁

1987年2月22日,那天没有风雨交加,没有电闪雷鸣,更没有任何天降异象,有的只是大别山日复一日的宁静,每家每户像往常一样为了温饱耕作着,田野里的蛙声与山间的溪水依旧在演奏着专属于它们的狂想曲。那天,老方家"名正言顺"的头号男丁出生了。这个叫银珠的小乡村里有这么一个习俗:每年清明节祭祖时,凡家里生儿子的都要向村委会交五角钱。而对于当时依靠农活维持生计的农民来说,一角钱都是视如珍宝的。没想到为了迎接我的出生,爷爷一口气交上了沉甸甸的一元钱,想必那天爷爷是高兴坏了。爷爷给我取名为方强,意为"有志者,方能强"。这其中包含的朴素却又深刻的道理,直至今日都使我获益良多。

## 泥泞中的山娃

孩童时代,每天的生活都是丰富多彩的,吃山果、喝山泉、走山路、唱山歌、砍柴、放牛羊。无论做什么,脚下踩着的总是那双破烂不堪的布鞋。说起这双布鞋,可是大有来头,因为经济上的窘迫,我只能穿父亲穿剩的鞋子。每当把鞋套在脚上,我似乎就能感受到父亲的温度和母亲的温情。

一年级的时候我就已经穿着这双"大脚布鞋"翻过了两座山头。艰难的山路让鞋子变得更加沉重,遇上天气不好的时候,外面下着大暴雨,教室里也跟着下起"小雨",那时的教室和现在的教室是没有办法比较的,地上的黄泥土坑坑洼洼,和着雨水让鞋子粘上厚厚的一层泥巴。直至快毕业,我的脚才找到这双鞋原本的"归属感"。

在学校的生活也是一样的艰苦,每天只能喝冰冷的井水,在小路边捡起的医疗输液瓶成了我的专用水杯。教室的窗户是没有玻璃和封纸的,凛冽的寒风吹在脸上,像是被刀划过一般。因此,冬天我们最喜欢玩的游戏就是"挤墙角"。所有人都往墙角挤,这样大家都挤得暖烘烘的。

放学回到家也没有动画片看,还要上山赶牛、砍柴,去田里打猪草,帮助家里分担日常的农活。对我而言,课余最快乐的时光就是下小河沟摸鱼,偷偷去大河里洗澡。我就是这样一个和着泥泞、踏着山路土生土长的山娃。

安徽安庆太湖大别山家乡

我家的老房子

**以爱的名义**

原生家庭虽然没有带给我像城里孩子那样富裕的生活，但是家人的呵护绝对不比别人少，并且教会了我什么是责任感。

在我的印象中，父亲勤劳、踏实，沉默却又威严。他是村里公认的好人，只要有人说家里有什么需要帮忙的，父亲都毫不犹豫地答应。每到秋收时节，庄稼地收割人手不够，村民总是来找父亲，因为知道他肯定乐意帮助大家，甚至一帮就是好多天。记忆中的父亲总是在忙碌，早早地出门，不是扛着锄头就是挑着簸箕，即使是农闲的时候，他也要去镇里工地上打散工，一刻也闲不下来。

从小我就爱捣蛋，但父亲从不对我疾言厉色。印象最深的是父亲外出打工，每次回家都是风尘仆仆、满脸疲惫，衣服上、行李上都带着工地的泥土。但是，在他行李里的铁饭盒中，总有给我和姐姐的小惊喜。有时是一块香喷喷的面包，有时是别的什么好吃的。现在想起来那都是一些普通的食物，可对于那时的我们来说真的是世界上最好吃的东西。

母亲是个敦厚纯良而又乐观的人。在我的印象中母亲似乎有干不完的活，每当母亲上山去砍柴的时候，我都会站在进山的小路上，拿着水杯一直张望着等她回来。以至于多年以后自己每每在忙得焦头烂额，遇到挫折迷茫的时候，总会想起儿时母亲在大山里远去的背影和她辛苦劳作的场景。母亲的坚韧激励着我，使我浑身充满力量，成为我毅然前行的不竭动力。

生我养我的父母亲

我的家人

在母亲身上，我还学到了许多道理。记得一位老奶奶来我家收鸡蛋，母亲将一大箩筐的鸡蛋卖给她。那时候，一元钱也是宝贝，老奶奶从口袋里掏出用一层又一层手帕包裹的钱，沾着口水数出了6元钱，转身离开了。等母亲再出来时，发现地上有一张10元钱，立刻叫我去追上老奶奶把钱还给她。当时我问母亲："妈，这钱咱不能留着吗？咱又不是偷的也不是抢的，为什么要还回去呀？"母亲将我训斥了一顿：**"就算不是偷不是抢，不是你的就不能贪，永远只拿自己该拿的，不是自己的想都不要想！"** 感谢母亲的言传身教。

家人中，我还有懂事能干的姐姐。1998年，是姐姐人生的转折点。那年她14岁，家里实在是交不出她的学费，于是刚读初中一年级的她，只好辍学外出务工，到浙江湖州学做裁缝。姐姐所在的湖州童装厂上班时间是早上8点到晚上11点，忙的时候甚至会更晚。工资的结算方式是计件结算，要想积攒收入就得没日没夜拼命干。漫长的工作时间，长期的熬夜，让一个花季女孩显得比同龄人都苍老了几分。有一次去湖州看姐姐，我走进昏暗的小加工厂，看到她正坐在冰冷的缝纫机前，照着图样手脚不停地工作着，远远看去仿佛姐姐也成了机器的一部分。从1998年到2013年，整整15年，姐姐的每一份工资都寄回家里，而其中的艰辛只有她自己知道。

## 别人眼中的笨蛋

从小我就是个调皮的孩子,摸鱼捞虾、上树爬墙,无所不能,是村里的孩子王。在课堂学习,我却很笨,学习成绩是班里的"第一名",当然是倒着数的。因为成绩差,我总是被老师拿来和成绩好的孩子比较,成绩优秀的孩子能坐在教室的前排,而我通常被安排在教室的边边角角。

一个田野间自由自在长大的小孩,突然变成教室里自卑的后排差生,对于要强不服输的我来说是极大的刺激。年少时的自卑与叛逆,让我成了不折不扣的坏学生。

学生家长和老师总爱拿我开玩笑,那段时间我逐渐形成了一种想法:既然我生来就比人笨,比别人差,那我做什么都要比别人努力,还要加倍地努力。

## 走出大别山

初中我考上了镇上的白沙中学,一种截然不同的生活就此在我的生命里展开。第一次走出大山,背上父母准备的满满行囊来到了镇上,我意识到原来"世界可以这么大",镇上的一切让我的好奇无处隐藏。

白沙中学与村里的学校比起来,显得格外宽敞明亮。宿舍的床架没有木板，我便跑到山上去捡竹板，一块块拼接成床板。学校里吃饭是需要自己带米带菜的，每个学生开学前都会带着一袋大米放进学校的库房保存，我的罐头瓶子里也反反复复地装了三年的咸菜。教室的位置是按照入学的排名安排的，我的位置也没有太意外，被安排在了最角落。

印象最深刻的是有一次学校组织了一场课外劳动比赛，比赛内容是上山砍柴，柴多者胜出。从小就漫山遍野砍过柴的我，暗自下决心这次一定要表现出不一样的自己。我从拿起刀开始直到比赛结束，手没有停歇过。**个子不高，身体不是特强壮的我，用身后堆起的成山的木柴证明了自己并不是一无是处。**

虽然奖励只是一根两角钱的笔芯和一张"优秀劳动委员"的奖状，但这根两角钱的笔芯和这张奖状，对我却有无限的激励，那是我学生时代最有成就感的一天。后来，母亲专门找了块手帕把奖状包裹起来，放在家里的"保险箱"里。

## "请你放弃吧"

上了初中，我依旧是个"学渣"。得不到老师关爱的目光，也很难融进学习好的同学的朋友圈。初中最后一年进入中考冲刺阶段，为了不影响学习成绩好的学生，班主任老师在班里宣布：剩下最后两个月，不想来上课的学生可以不用来学校了。就这样，班里有很多同学都陆续把课桌（那时是自带课桌上学）和书箱都搬回了家。总共70人的课室就只剩30个人坚守，教室后4排都搬空了。

但我选择留下来。

在老师眼里，我是个名副其实的差生，自然也没必要继续留在课堂里浪费时间。第一天，我留了下来，坐在课室，看着读了3年的书，是那么熟悉又陌生。随后的几天，我都坚持了下来。

15岁的我，第一次为自己的人生做了一个决定：留下来，参加中考。不管成绩如何，总能证明我曾经在小学、初中度过了9年的时光，给自己的学生生涯画上一个圆满的句号。

这个决定让班主任很意外，因为对于成绩不好的学生来说，不来学校是一件巴不得的好事。

老师找我谈话，问我："方强，你为什么不提前离校呢？如果参加中考，结果会是什么情况你应该也能预料到，老师想听听你的想法，可以和老师说说吗？"

2000年，我和初中同学（右二是我）

我只告诉老师说:"老师,我就是想多学点。"

中考那天,我拿着准考证,带着文具,坐在每门课的考场里,一笔一笔地答完了所有会做的题,然后没有遗憾地走出了教室。后来分数下来,结果依旧令人伤感。我告诉自己,接下来的路,方强,你一定要走好!

## 梦想由此发芽

中考 223 分,高中是没法上了。当时我只有 15 岁,家里人不舍得让我这么小就出去打工。父亲深知学习一门手艺,掌握一技之长的重要性,于是东拼西凑了 4000 元学费,将我送去合肥一所技校学习计算机信息管理。

于是,我来到了合肥,一个坐落在安徽正中央的繁华都市。下了车,跟着人流走出车站,水泥路面、宽阔广场、高楼林立、车水马龙,我仿佛来到另一个世界,一切都是那么新鲜,又是那么陌生。整理好行李,问过路人后,我坐着公交车来到了学校。

"安徽求实职业技术学院",当我第一次站在学校门前时,看着学校牌匾,我心里默默地提醒自己,不要忘记父母的期望,一定要好好学习。

正式开始学习生活后,我发现事情并没有想象中顺利。第一次接触计算机,初进城的我感觉是那么陌生,完全想不到这是什么东西,甚至连名字也叫不出来。一切都是未知世界，一切都得从零开始。开始的时候学习起来非常吃力，成绩也不是太理想。

班里的大多数同学都来自城里，城里的孩子和乡下的孩子从小接触的事物不一样，很多时候我都能隐隐感觉到城里同学对我不同的态度，无论我如何努力都始终难以融入他们的群体。我第一次深刻地感受到城乡之间的巨大差异，强烈的差距感油然而生。可现在的我背负着父母的期待，愈是这种情况，愈是激发了我那颗不服输的心，激发了我挑战生活的斗志。"改变自己，让自己成为一个优秀的人"，这种想法在我心底萌芽、成长。要想别人对自己有所改观，就必须变得更好、更强。此时的我，再次默默地告诉自己："方强，请你务必比别人更努力，好好学习，出人头地。"

人的一生中，如果有幸遇到一位好的导师，人生的整个轨迹就会发生变化。在技校期间，我遇到了人生中的第一位恩师。他是一位音乐老师。当时学校举办了一次班级合唱比赛，每个班需要挑选一名指挥。老师到班级里来挑选学生，从40人中一一筛选，最后，我脱颖而出。

后来我带着班级参加了全校的合唱比赛，并且赢得了冠军。我的骄傲、自信由内而发，人也变得更加乐观、积极向上。

老师不但在音乐知识上循循善诱、耐心指导，他的言行还对我的思想产生了极大的影响。他说："世界上所有的人都是一样的，只是思想不一样。"人生快乐与否，完全取决于每个人对事物的看法，如果看待事物都是正向的，那么生活就是积极的；如果看待事物的想法都是负面的，那么生活就是悲伤的。

老师还送了我两本书：拿破仑·希尔的《超级成功学》和戴尔·卡耐基的《人性的弱点》。我对这两本书爱不释手，尤其是《超级成功学》中的3点让我受益匪浅：**积极的心态、明确的目标、永葆进取心。**

在技校的这段时光，让我重获新生，摒弃了以前自卑、封闭的性格，变得开朗、乐于交际。并且因为所读的专业，我很早就接触了互联网，并掌握了很多相关的技能，为我日后的"互联网＋商标"事业奠定了很好的基础。

15岁的我，人生开始变得有梦想、有目标，那就是：做一个有思想的人。

商标之道

# 上篇

我的商标之道

# 第 1 章

## 剑未佩妥,出门已是江湖

17岁,我的人生道路开始和商标连接在一起。

那一年老师带我们到深圳电子厂应聘实习电工,身材瘦小的我在首轮因身体硬件条件不达标而落选。初来深圳,人生地不熟,没有亲戚朋友,也没有可遮风挡雨的住所。无奈之下,我想到了在福建石狮做商标的表哥,和他取得了联系。

电话沟通之后,表哥爽快地答应了我的请求,于是我从深圳出发去了石狮。表哥是我在商标行业的第一位指引人,在表哥公司里积攒的工作经验为我之后的商标事业奠定了基础。

那时的我由于年轻,一切只能从基层做起,比如打杂、送商标证书等。我主要的工作内容是将商标证书等材料送到不同公司,类似于快递小哥的工作。每天骑着表哥的摩托车,拿着公司配的小灵通和不同公司的商标材料,按照手画的地图,在石狮的大街小巷里不停地到处穿梭。

但在这个过程中我对商标有了更多的了解,也很快熟悉了商标公司的运作流程，对商标的热爱在慢慢累积，到最后变得深厚。

每天重复着"快递"的工作，对于年少的我来说，总有些许不甘心。不久后，我辞职出来自己找工作，并陆续换了十几份工作。

## 销售成长之路

表哥看我小小年纪就已经体验过很多工作，也都不稳定，就把我介绍到他的好友赵总管理的互联网公司上班，做网络推广，以销售为主。

由此开启了我的销售成长之路。白天我出去拜访客户，晚上就花时间恶补网站的专业知识，同时也不断学习各种营销知识和谈判技巧。在两年的时间里，我从一个普通的销售员做到公司的商务部推广经理，并且带领的团队一直蝉联公司的季度及年度销售冠军。

2006年，在浙江浦江表哥的事务所工作

销售培训现场

当然,这些成就并不归于我一人的勤奋,更多的是要感谢赵总这位名师。他经常带我外出,亲自示范如何服务客户。这两年的磨炼,不但让我深深爱上销售,也让我感受到了销售的精髓,更重要的是让我看到了互联网的巨大潜力,以及它未来发展必将给整个社会带来翻天覆地的变化。

**人生没有白走的路**,19岁,一个很多同龄人都在上大学,对工作、对独立都没有什么概念的年纪,我已经是一个在社会闯荡3年的"老油条"了。从一个懵懂的山村孩子到一个互联网公司销售能手,我的眼界和思维都有了巨大的变化。也正是从此时开始,对商标公司运作流程的熟悉和对互联网行业的熟知,让我渐渐萌生了将商标和互联网相结合的念头,开启了我的"互联网+商标"之路。这些宝贵的经历都为我后来创业,并被誉为"互联网商标第一人"奠定了基础。

### 拿父亲的救命钱来创业

当一切都看似要好起来,就快要脱离原来的贫困状态时,生活又戏剧性地给了我重重一击。

噩耗从安徽老家传来:父亲患了膀胱癌!这对于我们这个本就不富裕的山村家庭来说,无异于灭顶之灾。父亲正值中年,是家里的顶

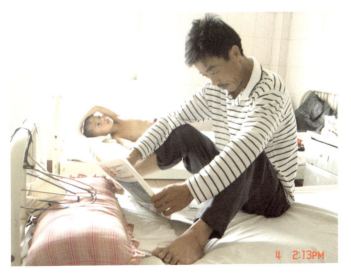

病床上的父亲

陪父亲看病

梁柱，面对日趋严重的病况，以及昂贵的医药费，整个家庭就像陷入了深渊。母亲整日愁容满面，既担心父亲的病情，又发愁没有足够的费用医治，还要完成每天的农活。姐姐也从浙江赶回老家照顾父亲，尽自己的力量为家里多分担一些。

面对父亲癌症治疗的巨额费用，我的工资去除开支后简直就是杯水车薪，任我再拼命地干，也不能完全负担得起父亲的治疗费用。我必须要找到一个方法，能够快速赚到足够的钱，来继续支付父亲的医药费。

那一刻，我突然长大了。

最终，我决定辞职回家。一是担心父亲的病情，二是创业的具体事情需要和父母沟通落实。回家后,我把自己准备创业的想法先告诉了母亲,她的第一反应是不同意,认为创业风险太高,我们折腾不起。

"妈,所以我只能成功,不能失败。"我嗓门一下提高了很多,也不敢看母亲的眼睛,因为这句话其实是喊给我自己听的。

"孩子,我支持你,家里还剩 3 万元积蓄,你都拿去。"背后传来了父亲的声音。此刻我已哽咽难言。

在大多数人的思想里,癌症相当于绝症,父亲愿意拿出 3 万元想必也是内心挣扎后的决定,而我竟面临着拿钱给父亲治病还是拿着这笔钱创业的两难抉择。

"孩子,妈妈也支持你!"母亲转身走进房间,拿出了一叠现金交到我手上。拿着父亲的救命钱,这笔钱比世界上任何一个 100 万、1000 万元都要来得沉重,我生怕有一点差池。

如果继续打工,家里的问题丝毫得不到解决;而去创业,也许还会有一丝转机。我不能等到山穷水尽时还坐以待毙,与其等待,不如放手一搏。

我要创业!

为了赚到足够的钱治好父亲的病,揣着父亲救命的 3 万元,带着父亲满满的信任,我开始了自己的第一次创业之旅!

俗话说"穷则思变",因为自身境遇不利,所以才会千方百计摆脱困境,若我循规蹈矩不敢拿那 3 万元救命钱,或许我这辈子只能是个草根,但我以不合常情的方式,最终给了生活一个漂亮的回击!

### 创业做什么

第一次创业时间紧迫,也抱着必赢的信念,所以我必须做好充分准备和整体规划。而我所考虑的第一件事就是创业做什么。

这是所有人在创业过程中面临的第一个问题,也是最关键的问题。我之所以选择商标知识产权,是因为在表哥公司工作的日子里,我帮表哥送商标资料,熟悉了商标登记等各个程序,学习了很多关于商标的专业知识和商标的注册、维权等相关业务流程,并且在与客户的接触中积累了一定的营销经验。

确定了大方向,并且有了一定的基础,下面就是对行业前景、市场未来发展的分析。随着经济的快速发展,越来越多的企业都开始注重知识产权的保护,市场需求量会越来越大。并且在商标领域,由于从 2002 年起,商标局取消了商标代理人制度,2005 年开始,商标申请量大幅增长,同时代理机构的数量也成倍增加,商标代理是一个发展前景十分可观的行业。

我认为这就是我的机会。

而第二件需要做的,是结合自身条件确定创业的地点。

中国幅员辽阔,到处都是人,到处都有商机,这时候,创业地点的选择显得非常重要。

北京、上海、广州、深圳等一线城市虽然是首选,但是细想下来,对我来说是不适合的。我当时全部身家也就 3 万元,还不足以在一线城市闯荡,并且这些大城市的商标行业已经相当成熟,市场饱

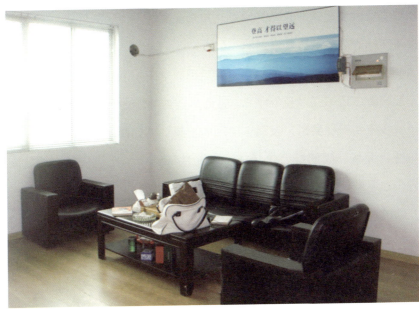

浙江台州玉环办公室一角

上篇 我的商标之道

和，行业竞争非常激烈。

于是我的眼光转到全国经济百强县。这些小城市经济实力雄厚，乡镇企业发展迅速，企业开始关注自身品牌的树立，对知识产权的重视使商标的需求量日益增大。

我查了很多百强县的资料，最后目光落到了浙江台州的玉环县和宁波临海、江苏宜兴三个地方，并亲自到这三地进行了考察。

我来到玉环县时，发现这里园区密集，到处都是工厂、企业，家具综合商场、阀门综合市场、汽车配件综合市场比比皆是。对我来说，这里到处都是商机。作为中国汽车配件之都、中国家具之都，各方面的条件都和网上调研的结果相吻合。

我是如何考察市场的呢？第一天到玉环，我就找到当地的一家商标公司，申请当业务员，帮他们跑业务。我拿着200张名片，挨家挨户地询问是否有商标方面的业务，当时就得到不少客户的反馈，当地企业对商标和知识产权的保护有着极大的市场需求和市场潜力。

在3天的调研后，我发现玉环县的企业有成千上万家，但是对品牌的重视度不高，对商标的保护意识也较为薄弱。一家机械厂，做机床已经将近15年，一直都没有申请注册商标，品牌经过十几年的经营，已经小有名气，而产品一直印着一个没有注册的商标。后来工厂的车间主任离职后，将这个商标抢注，然后一纸诉状将该机械厂告上法庭，诉称其侵权使用已经注册的商标，需要赔偿40万元。

这件事提醒了我，虽然玉环企业很多，但是商标保护意识很薄弱，容易出现问题。出于社会责任感，我告诉自己，我要成为一个商标传播大使，为当地人避免这种商标的烦恼。

从经济角度分析，任何搞颠覆、搞创新的举措，都是在对市场做深入调查后所得的，既要从长远和全局的角度考虑问题，又要把具体的每一件事办好。我没有贪图火热的大市场项目，而是把目光聚焦在差异化竞争的市场，追求小市场的大份额。有了这样的思维，很多问题都会豁然开朗！

最后我确定了在台州的玉环县开始创业之旅。

直到现在，每年商标局发布的数据都在提示我，商标行业，我没有选错。

## 天道终酬勤

创业的艰辛是常人无法想象的，拿着父母给的3万元，把妈妈送到姐姐那里跟着姐姐一起学做裁缝，我带着父亲来到了玉环。在玉环租房、置办办公必备品和生活用品之后，身上所剩无几。时间不等人，我马上开始行动起来，第一件事就是印名片，然后挨家挨户发名片，不断地向客户介绍商标的重要性。

有时候刚发名片给对方，还未转身就看到他将名片扔进垃圾桶。时间一长，有的工厂的保安都认识我了，人还在老远，就能看到他远远飘来的"白眼"。甚至有些工厂养了狗，有两次经过厂区发放名片时，不小心就被狗咬了。为了节省开支，我连狂犬疫苗都没去打。

白天依然跑着发名片见客户，晚上回到家我就在网上搜集玉环县的企业名单和电话。白天在跑业务的路上，就给这些企业打电话，做电话销售。刚开始，一天打大约 **170 个电话**，只有一两个意向客户让我们过去面谈，但是一直没有客户肯下单。

公司仍处于未开张的状态，生活上过得节衣缩食。恰逢 20 岁生日，仅剩的一点钱我舍不得用，在路边买了一份 1.5 元的炒面和一杯豆浆就应付过去。在第 18 天，我接到一个电话，对方说想要注册一个商标，让我们带着资料和合同过去签单，因为他们的老板很快要出差了，客户让我们必须两小时内赶到办公室。挂了电话，我兴奋地告诉父亲："出单了！终于出单了！"我马不停蹄地把资料打印出来，带着父亲一起去签单。

天空乌云密布，下起了倾盆大雨，想到这是创业以来的第一笔交易，我紧紧地把装着合同的包抱在怀里，生怕合同被雨淋湿了。走进办公室时，我们俩全身都湿透了。老板是个和蔼的大姐，看到我和父亲淋得像落汤鸡一般，她怜惜地说："下这么大雨还出来，你们是不要命了吗？"我说："答应您的事情，就一定要做到，我们不能失信，也不能耽误您的事情。商标注册得越早越好，这是对公司品牌的保护。"大姐点头赞许说："小伙子这么拼命，是个做大事的人。"

签好了合同，她马上让财务安排取款给我们。由于得到了充分的认可，她还介绍了很多客户给我们。当拿到创业收到的第一笔商标注册款 1800 元时，我终于见到曙光。这笔款项，证明了我的选择没错。

天道酬勤，吾道不孤。凭借着专业的知识和良好的服务意识，不久我就获得了一笔 6000 元的收入。3000 元给了父亲，另外 3000 元拿来继续投资。我深知品牌和网络的重要性，马上用这 3000 元为自己公司做了一个网上展示平台——玉环商标网。当时为了节省成本，我就自己动手设计网站框架。玉环商标网后来成了台州的专业商标网站，也为我的公司带来了更多客源。

创业的过程虽然曲折，但成果是喜人的。有了良好的开端，我的商标业务开始在台州落地生根，一切走上正轨。更可喜的是，经过不间断的精心治疗，父亲的病情慢慢得到了控制并基本康复。

创业仅一年，我 21 岁时，公司账上已经有了 10 万元资金；第二年，积攒到了 50 万元。商标公司已经走上正轨，每月拥有固定的营收。从最初的 3 万元裂变到 50 万元，父亲是支持者也是见证者，我的家庭可以说发生了天翻地覆的变化。我们已不再是那个为父亲拿不出钱治病而愁云密布的家庭，我也不再是那个花 2 元钱为自己过生日的前路迷茫的男孩。

## 第一次危机

生于忧患，死于安乐。当一切稳定了，事业也在不断发展时，我迷失了方向。年轻气盛的我，因商标公司给我带来不断增长的收益，开始"膨胀了"，没有经过考察，盲目地投资各种"行外人"项目，这些项目相继以失败告终。

并且，因为我将视线转移到各个行业，不断投资，无暇顾及自己的商标公司，就找了发小来帮忙。出于对他的信任，并未对他这些年来的情况进行深入了解，便将公司的部分股权移交给他，让他成了第二大股东协助我管理公司，主要负责商业洽谈与客户的维护。

由于我的全然放手，我对这位合伙人在公司的所作所为毫不知情。短短的几个月里，他大量收取客户的资金后，却并没有为客户申报商标，而是卷款逃跑。直到有客户报警，我被警察带去做笔录，才知道公司已然成了个空壳。在这种情况下，我及时做了善后工作，借钱对客户的损失进行补救，但商标公司的名声已经受损，一传十，十传百，最后商标公司还是破产了。

公司倒闭，其他的投资颗粒无收，由此还负债10多万元，生活把我打回了原形。我再一次一无所有了。时钟转了一圈，又回到了原点。刚刚站到人生的舞台上，一段戏都还没唱完，幕布很快就落下了。

这次危机给了我当头棒喝，让我重新审视责任、利益与人性的关联，并且让我明白了，失败不可怕，被欺骗、被辱骂也不可怕，可怕的是从头再来的恐惧，还有被人质疑的无奈。颓废了一段时间后，受友人鼓励，我重拾信心，勇敢地背负起了10多万元的债务。

**面对危机的最好办法就是勇敢地担当！** 没了啥都不能没了骨气和做人的准则，父母亲以身作则教给我的东西，这辈子也不敢忘！

# 第2章

## 东山再起

我开始重新思考我的人生,并系统地总结了失败的原因:一是不聚焦,二是心浮气躁,三是识人不清。我沉稳下来,再次规划自己的创业之路。最后,我得出结论:自己还是要聚焦在商标行业,商标就是我的使命,我才25岁,一切都可以重来。

这一次,我打算从基础做起,应聘了一家商标公司,负责网络运营。在这里我遇见了人生中一位重要的导师——D哥。D哥不但在生活上照顾我,还教了我更多的互联网商标业务知识,让我学到了如何在更深层面上维护客户关系。

2012年年底,D哥要在北京做一个项目:商标转让网站。他非常看好这个市场,因为国内每年商标转让的数量逐年在增长,市场潜力十分巨大。于是,我扛着一个电脑主机从浙江义乌坐火车来到了北京西站。

去的时候,正值北京的隆冬,当时的住处在一栋破旧的民房楼里,一个常年不见阳光,勉强能放下一张1.2米的床外加一张桌子和一个柜子后就无法转身的小房间。房间里没有洗手间,每次上厕所,都要到

参与创建浙江商标转让平台

浙江商标转让平台的初创团队

几百米开外的公厕,而这几百米的距离都要花费我"毕生的勇气"。

　　室外寒冷异常,从温暖的被窝中出来跑到室外,巨大的温差使我牙齿不断打战。有时遇到下雪天,披着外套跑出去,雪飘落在身上,等回到房间时身上衣服都被打湿了,手脚也冻得不像是自己的。

　　我每天晚上提着热水壶,花2角钱去村口的小店里打一壶开水,拿回屋后,用半壶开水泡面,然后用剩下的开水倒出来泡脚。一边吃着泡面一边泡脚,是寒冷的冬天仅有的一丝温暖。

参加优士圈互联网精英年会

在这期间,我也参加了人生中的第一个峰会——互联网峰会,算是真正地进入了互联网圈子。一年多的工作经验,为我进入"互联网+商标"领域打下了基础,并且遇到良师使我遇到事情会不断地学习和思考,冷静地分析,让我脱离了原来那个毛躁小子的角色。

但是,我的血液中始终流淌着一个"不安分"的因子,它不时地提醒我:要实现你的梦想,靠打工是不行的,你必须创业!我也清醒地看到,仅凭着我每月微薄的工资,基本生存都成问题,更别说实现梦想了。当一切都为我转身做足了准备,时机成熟的时候,我开始了东山再起。

2012年到北京拍的第一张照片

### 第二次商标创业

第二次创业，我先给自己定了一个目标，并且将目标具体量化出来。我把 3 年内要达到的目标都用画表现出来：一是人民币 100 万元，二是一辆奔驰车，三是一套房子。每天我都会让自己看这三幅画，让它们在脑海里过了一遍又一遍，强化我想得到的信念，这成了我源源不断的动力。

有过第一次创业的经验教训，我深知创业的艰辛和不易，但此时也如同当年一样：迈开一步，前面是广阔天地；缩在原地，只能是井底之蛙。再次创业，势在必行；箭在弦上，不得不发。我决心要全力以赴地去做好商标，并且要把商标这个事业做大做强。此时我已经为自己确定了一个新的使命：唤醒千万创业者的品牌意识！

再次创业，首先面临的第一大问题依旧是资金。当我再次做出创业决定时，父亲还是选择无条件地相信我，并且倾其所有，帮我筹到创业资金。

在父亲的担保下，我拿到了人生中第一笔贷款——5 万元，这是我开启自己商业帝国大门的一把钥匙。但是这 5 万元中只有 2 万元用在了创业中。我用 1 万元学了驾照，另外 2 万元借给一位认识的姐姐帮她渡过资金周转难关。手里的钱只剩下 2 万元，1 万元用于在北京成立公司——风行国际，1 万元用于事业启动。只凭借自己现有的资本，莫说成长，站稳脚跟都是问题。

几经思虑，我采取了"农村包围城市"的战略，我先去宜兴建分

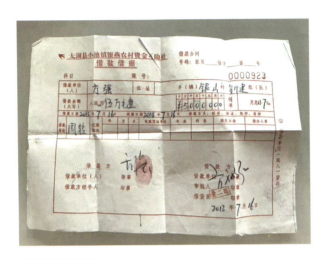

5万元的贷款借据

公司，等分公司做好了，积累到资金，然后再回北京拓展全国市场。确定了路线后要马上执行，我只身一人来到了江苏宜兴。

如果把中国的各个城市比喻成锅，那么北京就是超级大锅，宜兴则属于中等偏下的小锅。以我彼时的能力只能烧开小锅的水，所以我选中了宜兴这个小锅。1万元的资金，我和朋友两个人，在这座只听过名字的城市租下了一个车库，配置了一台电脑、一部座机，风行国际公司宜兴分公司就这样成立起来。

安顿下来后，我就开始思考，宜兴的企业非常集中，如何才能更好地推广？我想出了一个方案：做企业海报。因为我略懂设计，就连夜赶工设计了一张海报。我深知唯有专业才能得到客户的认可，于是精心编写了商标领域的重点问题，比如为什么注册商标、商标带来的价值、商标被抢注的危害等内容。我直接让印刷厂印了 2 万张海报，并招募了 2 个兼职大学生，带他们去宜兴工业园紫砂壶基地发放海报，每天发 2000 张。

不到一周，就有公司通过海报上面的电话联系到我们，要注册商标、专利版权。靠着一家家公司的积累和介绍，公司慢慢有了起色。"风行国际"的第一枪就此打响。后来座机每天响个不停，我和朋友每天都忙得像陀螺，停都停不下来，资金回流的速度也快到惊人！

宜兴公司的发展蒸蒸日上，公司盈利状况越来越好，但我知道自己商标事业的格局不会止步于此。我并没有盲目扩张，却也始终记着北京才是"风行国际"发展壮大的"龙兴"之地。当初由于不具备在北京发展的能力，才选择了宜兴；而当下是时候回归北京，开创总部基业，为"风行国际"集团化打下坚实基础的时候了。潜龙在渊，终将翱翔苍穹。北京，我回来了！

## "商标先生"——互联网商标第一人

2013 年，我已开始线下结合互联网的推广，打造"商标先生"这个名号。现在大家都会直接称呼我"商标先生"或者"互联网商标第一人"。那么，"商标先生"这一称号是怎么来的呢？

在 2013 年，我开始进入互联网圈子，学习各种相关的课程，包括商学院课程、营销课程等。当时有一个上海的会员叫白强先生,还有一个叫裁缝先生,给我的印象很深。为了让自己有一个令人印象深刻的名字,既然我是做商标的,那我就叫"商标先生"吧。于是我把"商标先生"当作了自己的标签,但并没有仔细想这个称呼的好处是什么。

直到2013年年底,我参加了一个互联网私密峰会,会上武汉"单色舞蹈"的创始人王贺作为嘉宾,和我们分享了他的创业历程。在分享如何去做商业定位时,我非常受启发。

我就主动在场下和王贺交流学习。当谈到"商标先生"这个称呼时,他提到:"在互联网上如果商标这个领域还没有人叫'第一人',我封你为'第一人'"。就这样,一个叫"商标先生"的"互联网商标第一人"诞生了。

从那一刻起,我就开始专注打造这个标签,发朋友圈的时候我都会把"商标先生——互联网商标第一人"带上。因为大家大部分时候都记不住第二名,只能记住第一名;就像大家都知道刘翔跑得最快,但要问谁跑得第二快,很多人都不知道!

后来王贺也成为我们的VIP客户。我非常感谢王贺对我的启发和在称谓创意上给我这样的帮助,正是有了他,才有了一直用到今天的标签定位。这就是"互联网商标第一人"和"商标先生"的来源。

"互联网商标第一人"称谓带给我的是对营销方式、营销格局的全新认识,也让我制订出比以往更上一层楼的方案,使得北京的做法和在宜兴的做法完全不同。到工业园去发广告的做法行不通了,既然是互联网第一人,那就一定要借助互联网。

2014年微商崛起，我在看到新商业模式的发展趋势后，决定到全国各地去参加各种微商商业相关会议，并且付费进入各种圈子。人脉圈迅速扩大，潜在客户人群的地位有了质的飞跃。在北京凭借着微商崛起的东风和在互联网圈子认识的人脉，我的商标公司在全国的业务顺利而飞速地发展。

一时间很多行业老大给我们公司站台，比如说电商圈的龚文祥老师、微商圈的微谷凌教头、互联网圈的好兄弟曾钧等都为我站台，为我背书，推荐了很多各个行业的领袖、品牌大咖来找我做商标。

微信的兴起，全民微商时代的来临，给我的商标事业插上了腾飞的翅膀；信息化时代的到来，让所有人都意识到拥有和保护知识产权的重要性。加上国家政策调控，国家知识产权局只受理机构申请注册商标等知识产权业务，天时、地利、人和成就了"风行国际"在行业中的标杆位置，也成就了我在互联网圈"商标第一人"的地位。

## "戴帽子的商标先生"——个人标签

商标等于品牌，千亿品牌成功的第一步是取个好名字。而对于个人来说，品牌就是人们对你的评价和整体印象。个人品牌建立首先需要浓缩个人标签。

2016年冬天我去参加一个峰会，那天北京下起了大雪，北风凛冽，于是出门的时候我戴了一顶帽子御寒。峰会现场，王通老师、英

2016年参加北京饭店峰会

镑老师做了精彩的演讲。怀着敬佩的心情，下课后我主动找到两位老师合影，这是我们第一次见面。

第二天，还是同一个峰会，我课后遇见英镑老师并向他打了招呼，但他好像是第一次见我的样子，说："一起合个影吧。"

我说："老师，我们昨天合过影了，您忘了吗？"

老师："昨天太多人了，你是……"

我说："我是昨天戴着一顶帽子的那个呀，今天没那么冷，所以我不戴帽子了。"

英镑老师说："原来昨天戴帽子的是你啊。昨天几百个人里面，只有你戴帽子，所以识别性特别高，今天你不戴帽子就没有明显的识别性了，所以你以后出来参加会议就戴帽子，这样别人更容易记得你，就形成你的标签了。"

自此之后，我每次参加峰会活动，依旧西装革履，但不一样的是我开始戴帽子，各种样式更换着戴。

久而久之，圈子里对我的识别就是——"帽子方强"。

人们总是对某个特定的事物有特别的记忆，我也凑巧抓住了人们对新鲜事物的敏感，提高了识别度，加深了记忆。

创业者应随时随地，不断地寻找学习机会，多参加不同的学习活动及融入更多的人脉圈子，扩大自己的人脉。混圈子，要有记忆点，建立起自己的个人标签。那么，怎样才能树立起个人标签呢？

我认为，要从自我介绍开始，让自己的特点鲜明，这样才能给自己设立标签。然后，要做好自己行业领域内的事，专注一项，在自己的领域做到出类拔萃。当然，在此基础上还要做好品质建设，诚信利他。唯有如此，才能让个人标签牢牢地扎根在客户的心中。

个人标签就是创业者自己的定位，而如何找准自己的定位，对于每个创业者来说都是至关重要的。

首先要搞清楚我是谁。只有了解自己，才能向别人完整地推荐和陈述自己，清楚认识自己在生活、工作中所扮演的角色。总之，就是对自身要有一个清晰的认知。

明确我是谁的下一步，是要明确自己是做什么的，该承担的责任和义务是什么。每个人的能力不同，所做的事情也是有限的，有多大的能力做多大的事，把事情把握在自己力所能及的范围内，凡事量力而行，不要打肿脸充胖子。

## 拓展人脉圈

现在已不再是单打独斗可以闯天下的时代，一个人只有拥有广泛的人脉关系，发挥人际圈的作用，才能在工作中办事顺利。

初次创业时在玉环县，一切从零开始，所有客源都是我和父亲挨家挨户地派发名片，并通过网络收集玉环县的企业名单和电话，一个个地打电话过去介绍商标的重要性。这些都是陌生人之间的关系建立，很不容易。

第二次创业，我加入了很多社交圈，车联会、优士圈、青商会、黑马会、华商会、总裁俱乐部等，总共不少于100个。"大家好，我是方强，商标第一人的商标先生。"这句话是我进入圈子的个人介绍，"商标先生"这个名字让大家一听就能记住，而"商标第一人"这个响亮的旗号更使人印象深刻。再加上我的真诚、风趣，使我很快就在圈子里混熟了。

有了多位圈子老大为我背书，我的客户就来得相对容易多了。一传十，十传百，仅2016年一年我就因为圈子做了600万的营业额。我的大客户基本上都是从圈子里来的，甚至到我加强公司管理，建立商标直买直卖的买标网，都是圈子里的朋友提醒的，圈子里的人使我成长。

我是带着目的进入人际圈的。每个人固有的圈子很有限，特别是像我这样从小山村出来的创业者，认识的无非是老乡或者学员，社交圈太小以至于我的客户都需要自己去一一发掘，很难很累。而加入圈子是提升认知、拓展业务、发掘机会的大好方法。并且打破固有圈子，融会贯通各个圈子的资源，也是锻炼自我、快速成长的机会。

百家百言，倾听各方说法，从中受到启发。我相信能够有想法付费进入圈子学习的人，不会是一个成天无所事事、坐井观天的人。因此，当你有一个想法时，在这些圈子中说出来，圈子里的人会发表对这个想法的看法。这时，你只需当一个倾听者，取其中精华，再结合自己的判断，就能为这件事做出一个有效的判断。

在电子商务圈学习

　　人际圈也是能量场，正所谓"近朱者赤，近墨者黑"。在能量爆棚的圈子里，我有一种压力，也有一种动力，时刻告诉自己是可以的。和他们做了朋友，我发现自己的眼光格局还是相对小了，思维也不如他们活跃，在一起上课时他们总有出其不意的点子，使我受益良多。

　　加入人际圈后，还要注意经营和维护好它，只有这样才能保证长期持续从中受益。那么，我是如何维护圈子里的关系的？

第一，一定要表里如一，诚信利他。千万不要有表里不一的行为。比如一家火锅店，打着只用一次油的旗号，而背后却将火锅底油回收重复利用，一旦被曝光，顾客对这家店就不会再有信任可言了。做人也一样，表面一套背后一套的事情绝对不要去做。诚信，无论用于商场还是人情场，都是必备的，如果仅仅是为了利益而去亲近别人，这种友谊是不会长久的。我交朋友从来都是以心换心，不会想着对方能为我带来什么而去交朋友。

第二，适当的时候让别人欠下人情债也是一种策略。知恩图报是我们祖先长期留存的一种优良传统。但不要刻意等待报答，也无须为此牺牲太多去寻求这种机会。所以，更多的时候，可能是送别人一个顺水人情。

第三，拜访别人时一定要注意仪容仪表，着装要正式，衣服要干净整洁。最好带一份礼物，无论贵贱，却能让别人觉得他在你心里是有分量的。要记住每个人都是一面镜子，你对他是什么态度，相应地，对方就会用什么态度对你。只要足够真诚，就能打动人心。

第四，混圈子不是赤裸裸地推销自己，而是一个长久的沉淀过程。经过长时间的了解，双方都有了信任基础，当对方认可你的为人和业务能力时，有适当的机会就会把你推荐出去。有些圈子我交际了1年，有的3年，有的甚至5年，才有圈子里的人来找我谈生意。我从来不着急，操之过急会不够时间让别人认识你，信任力就会薄弱，也很难发展业务。

在圈子里社交时我有一个做法，可以推荐给大家参考。通常在进入圈子时，我会找圈子的创始人为我背书，因为创始人的信任和背书的含金量非常高。从影响力最大的人开始，他再将你推荐给别人，这是一个信任转嫁的过程。

## 第二次危机

当很多行业老大都在为我的事业站台背书，很多人纷纷找我做商标时，一个危机也在慢慢蔓延。

当时有二三百个客户等着拿商标，我也预收了100多万元的款。正常情况下，商标从报备到受理通知书下发是3个月时间，但3个月时没有下来，一直过了9个月也没有下来。客户等着拿商标注册证，等了9个月却连受理通知书的影子都没有见到。而商标局没有给任何官方公告，我也每天和商标局落实这些商标的进展，但始终没有任何确定的回复。

这时候客户们沉不住气了。在交了钱迟迟得不到商标任何信息的情况下，很多客户觉得自己上当受骗了。于是网络上就开始疯传"方强是骗子，收了钱不办事"，客户开始建群攻击我，要打倒我这个"可恶的骗子"，并要在更大的媒体平台上曝光我。

一时间，到处都是声讨我的帖子。而给我站台、帮我背书的行业领袖们也因为此事受到了很大影响。他们替我挨了不少骂，自然也是

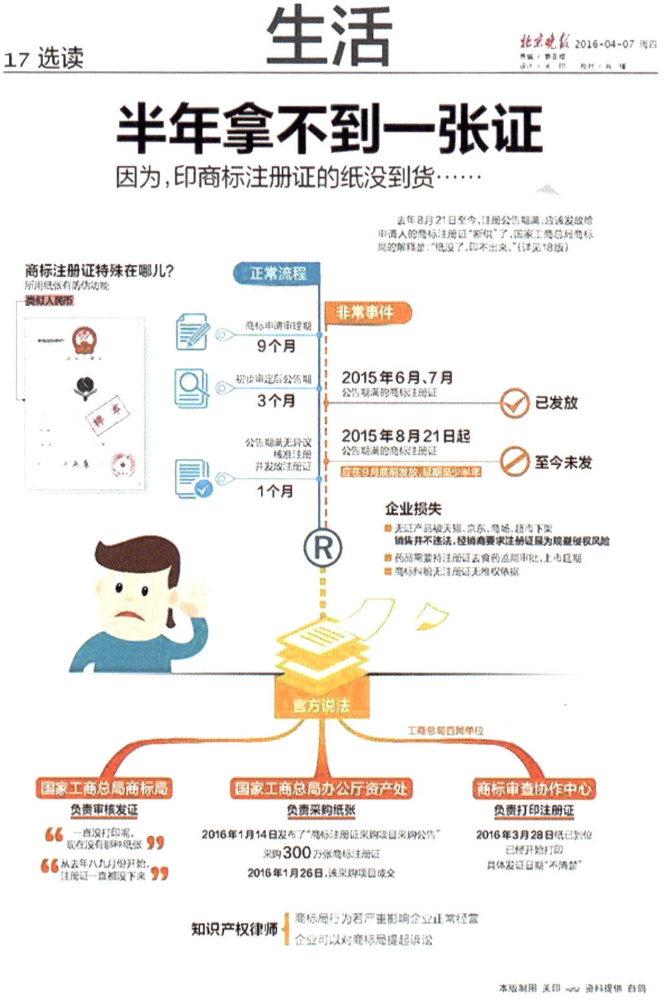

17 选读

# 生活

北京晚报 2016-04-07 周四

# 半年拿不到一张证

## 因为，印商标注册证的纸没到货……

去年8月21日至今，注册公告期满，应该发放给申请人的商标注册证“断供”了，国家工商总局商标局的解释是：“纸没了，印不出来。”（详见18版）

**商标注册证特殊在哪儿？**

所用纸张有防伪功能

类似人民币

**正常流程**

商标申请审理期 9个月

初步审定后公告期 3个月

公告期满无异议 核准注册 并发放注册证 1个月

**非常事件**

2015年6月、7月 公告期满的商标注册证 已发放

2015年8月21日起 公告期满的商标注册证 至今未发

应在9月底前发放，延期至少半年

**企业损失**

- 无证产品被天猫、京东、商场、超市下架 销售并不违法，经销商要求注册证是为规避侵权风险
- 药品需要持注册证去食药监局审批，上市延期
- 商标纠纷无注册证无维权依据

**官方说法**

工商总局直属单位

**国家工商总局商标局** 负责审核发证

“一直没打印呢，现在没有那种纸张”

“从去年八九月份开始，注册证一直都没下来”

**国家工商总局办公厅资产处** 负责采购纸张

2016年1月14日发布了“商标注册证采购项目采购公告”

采购300万张商标注册证

2016年1月26日，该采购项目成交

**商标审查协作中心** 负责打印注册证

2016年3月28日纸已到位

已经开始打印

具体发证日期“不清楚”

**知识产权律师** 商标局行为若严重影响企业正常经营 企业可以对商标局提起诉讼

本版制图 关印 资料提供 白鸽

2014年因商标局缺纸半年拿不到一张证（《北京晚报》微信公众号截图）

非常恼火，觉得我不靠谱。面对大家的质疑，我只能解释：商标局真的没有下发文件，受理通知书一直没有发出来，这件事情现在我也不知道如何办，已经和商标局沟通了无数次，都没有结果。

我不怕吃苦，也不怕失败，但我受不了这种对我人格的质疑和攻击。面对这个无解的局面，我深深地陷入了百口莫辩的煎熬中。我知道这一次的危机比前面任何危机都要来得猛烈。

如果没有好的解决办法，我的商标之路从此可能就会被断送。我的内心有种深深的无力感。

好在天无绝人之路，在距离商标第一次申请的9个月后，终于等到商标局发出的通知书：**因为商标局内部缺纸**，导致受理文件延迟发送。

简单的两句话，证明了我不是骗子。这封迟到的通知书让我欣喜若狂，我拿着这份文件逐一向客户解释，这场风波总算是平息了。

当我安静下来直面危机时，又发现了在商标注册的实际操作过程中出现了疏忽。

2014年，只有我一个人在北京办公，当时每天都有30~50个客户找我注册商标，并且马上打款。但是我收到注册款以后，没有及时去整理这些客户的信息，因此忙中出错，遗漏了32个人的商标没有报到商标局。

发现了这个错误后，为了及时弥补客户的损失，我提出了解决方案：向这32个客户一一道歉，如果客户还信任我，想要继续在我这里注册商标，我就再把商标提交上去；如果客户不接受我的道歉，不再信任我，我也十分理解，就把商标注册费退回去，同时免费帮客户提交这些商标，等受理通知书下来以后寄给他们。我真诚地希望能弥补之前的错误，能让客户理解是真的疏漏而不是欺骗。

# 第3章
## 抱团打天下

我遇到的两次危机，都不同程度地展现出了公司管理上的纰漏。团队伙伴的选择，公司资金的运转，业务内容的接收、审核以及跟进等一系列问题都令我头痛不已。因此，我去参加了企业管理课程，在课堂学习的内容和课后公司的实践，让我从中摸出了一点门路。

公司的管理不是一味照搬别人公司的制度就行。企业管理的模式是企业逐步形成的一系列管理制度、规章、程序、结构和方法，管理应该根据自身公司规模、行业、企业文化、领导人风格、国家政策动向等多方面因素来决定，并且随着经济和企业的发展，企业的管理模式也要不断调整和改变。

当初第一次创业，我的团队就是我、父亲、两名兼职学生，这么小的团队基本都是靠"吼"来管理。当我在外面跑业务没时间去派发传单时，往往直接一个电话打给兼职学生，明确地告诉他们去工业园区派传单，目标是40间厂，一定要完成。

人员少，工作交接的流程少，有什么事情直接对下属说明即可，出现什么问题也是直接告诉上司,这时过多系统、制度的约束,有害无利。

但是,在企业做大之后,就不适用这样的模式了。回顾这两次创业,我有一个通病:把所有的事情揽到自己身上,一个人跑业务、一个人走流程、一个人跟进客户、一个人收钱核实账目,成了一个集管理、策划、公关、销售、财务于一身的全能型老板。这样不仅把自己弄得很疲惫,还常常出错。

因此,管理者要懂得将权力进行分配。公司管理无非是"权""责""利"的分配,即对"人""事""权"的分配。一个人可以走得很快,但是一班子人才可以走得远。公司创始人就是制定规则的,公司高层则以制定的规则为标准去管理员工,而员工就是这些规则的执行者。就像路上放置的红绿灯,它们是路上行驶的规则,所有人都要遵循。但有时候因为车流量激增,规则需要调整,就需要交警来指挥交通。公司的高管就是交警这样一个角色,根据公司的发展运营来调整规则施行的程度、方式。

在我看来,一个组织架构的协调,分拆职能是最重要的内容。古代有一种游戏叫作拆栋梁,就是以一个支柱为中心,在外围堆砌木条,一圈一圈往上堆。当木条放置完毕,架构稳定后,将中心支柱缓缓抽离,整体结构并不会改变,依旧屹立不倒。

这个游戏的精髓就是管理。只要各个部门员工和管理者在企业中的责权明确,公司的创始人从公司架构中抽离出来是完全没有问题的,公司依旧会有序地正常运行。

我们的团队：一群有梦想的人在一起

因此，初具规模的中型企业，就需要制定公司的规章流程、制度，还可以借助一些办公系统以方便对员工的管理。系统化、标准化、统筹化的管理是通过公司战略布局、工作责任分工、薪酬设计、绩效管理、招聘、全员培训、员工生涯规划七大系统建立的。

2015年，我和我的合作伙伴租了一套80多平方米的办公室，正式开始招募员工，组建团队。从我自己一人到团队协作，从只管我自己到管理几十个员工，从什么都自己做、财务自己算、业务自己跑到开始分钱、分权、分责，从没有体系到各部门齐全，就如同单身和一个家庭的区别。我的初创团队就这么形成了！

在一次参加活动时，我遇到了一位对我来说非常重要的客户——腾飞科技有限公司（以下简称腾飞公司）的梅总，他对我的北京公司的发展起了关键的指导作用。腾飞公司对商标、专利等知识产权相当重视，他们对所有的产品都做了知识产权保护，所有的商标都是由我们公司注册和处理的。这几年来我从梅总身上学到了非常宝贵的商业经验、企业管理经验，受益良多。

在说到商业的本质时，他认为必须要有团队、有模块，用心经营起来，才能把商业做好。不管这个时代怎么发展，团队是非常关键的，只要有团队就不怕。

而关于商业运作，他的看法是：一定要有系统、有标准、有流程，才能把一件事情干大！

这些成熟的企业家，熟知商业的运作规律，好的企业都有自己一套成熟可复制的系统，标准化、流程化，企业才能稳健而长久地发展。

梅总说，为什么腾飞公司的团队会培养得这么好？因为腾飞公司每年能做一个亿，会拿3000万元出来去投新的项目，去做研发，去培养团队。于是我坚信一点：当一个企业家每年能赚1000万元的时候，至少要拿30%去做创新，去做研发，去培养团队。所以在2017年我做出了预算，用100万元去做创新，去搭建商标直卖平台。

## "买标网"平台建设

随着移动互联网经济的发展，平台的重要性日益凸显。从第一次创业建设的玉环商标网，到北京风行集团总平台建设，到买标网平台建立，我对平台的认知越来越清晰。正所谓，平台承载梦想，信念实现梦想。

既然定位是互联网商标第一人，当然就要让这种称呼名副其实，所以我更加重视对平台的打造。所谓平台，并不只是借助互联网帮助客户办理商标业务这么简单。随着我对商标行业整体认知的提升以及多年在商标行业摸爬滚打的实践经验积累，我摸索出了一个新的模式——做一个商标社交服务平台。

2017年，以买标为核心的"买标网"平台模式雏形初现，专注商标直卖交易，标网直接和标主洽谈，掌握了70万件标源，为商标购买者提供低价海量一手标源。

但是做平台也是一个循序渐进的过程，需要一步步地摸索掌握要领,才能一击中的。用一个很形象的比喻:做平台,好比学自行车,先是一圈一圈地脚蹬,才能摸索着掌握要领,最终实现驾轻就熟。平台是一种手段,而不是目的,只有在发展的过程中慢慢摸索到了行业的痛点,去解决行业上的一些问题,才能实现提升行业的效率或者降低成本,平台模式自然也就水到渠成。

"买标网"平台初建过程也经历起落,创建3个月因采用传统模式高额竞价的方式,加之流量费用高、转化率低等不利因素,单一的商标买卖项目未能彻底打开市场,导致100万元资金打了水漂,平台发展一度处于停滞边缘。

我和团队伙伴紧急碰头,结合移动互联网经济形势下消费升级、思维升级的大背景,重新定义"买标网"平台的服务模式,制定新的买方、卖方机制,把平台由专注交易向专注社交社群模式转型,强化买卖双方的参与感。

买标方可以自主找标主商定价格购买商标,卖方可以自主定价,双方不受中介约束,公开透明交易,彻底打通买卖双方的交易壁垒。同时融合商标注册、商标查询、商标评估等服务类目,买标网成为"以人为本"的社群服务平台。

终于,新的一套"买标网"平台成熟落地,目前已进入前期推进阶段。

"买标网"平台是建立在微信第三方平台上开发的小程序,平台设置五大核心板块,是个集查标、买标、注标、商标分类表、商标价值评估等商标综合服务于一体的社交平台,帮助客户以更加开放、自由的形式买卖商标，一站式解决商标查询、商标注册、商标交易、商标类别、商标估价等问题。

## "买标网"平台五大核心板块

### 1. 查标

平台设置一键查询功能，主要提供商标查询，包括商标近似查询、商标综合查询、商标状态查询等内容，为商标注册、商标转让、商标设计、商标评估、商标起名等服务。

商标查询是商标注册的第一步，也是商标注册最关键的一步。查询商标一方面能降低商标注册风险，另一方面可以提高企业注册商标的成功率。我们都知道，现在注册商标的人越来越多，大多数的文字、图形都已经被注册过了，在这样的情况下，企业想要注册商标就会更加困难。

通过商标查询，可以了解到自己准备申请的商标是否已被他人在先申请/注册，如果在相同或类似商品/服务上已经存在与申请商标相同或近似的他人在先权利商标，那就意味着如果直接提交申请，被商标局驳回的概率非常大。

商标查询后再去注册，成功率就大大增加了。为什么是大大增加而不是百分之百成功呢？因为短时间内注册的商标还没有被录入系统，所以商标查询也会存在一定的盲期。

商标查询是商标注册的第一步,虽然不是强制性的,却是注册商标的企业都会进行的步骤,商标查询能提高商标注册的成功率。商标注册的时间本来就很长,如果企业不认真对待,商标被驳回,还得重新注册,浪费时间。

### 2. 买标

买标是买标网平台的核心项目之一。平台设置全方位资源整合、信息对接系统,融合商标信息跟踪、商标信息交流等服务流程,打通买卖双方的交流壁垒,让买标人直接找标主沟通,彻底颠覆传统的商标交易方式,帮助客户高效率地买卖商标。

(1)通过平台前期的营销推广,为平台吸引大量买家,从而为卖标者提供海量的买家群体,大大提高商标买卖的成交概率。

(2)平台为卖标者提供商标托管服务,通过买标系统,可以将卖标者的闲置商标盘活,对接需求者,让他们获得满意的商标,最终实现闲置商标的价值再造。对于拥有很多商标的人,一方面可以把闲置商标进行交易,来提升商标利用率;另一方面可以把商标用于低成本的融资。

(3)平台通过专有的精品商标、活动商标等,对卖标者的商标进行推荐优化,此种方式可有效提高卖标者的成交概率。

(4)对卖方,平台会把卖方商标推荐给有需求的客户,并全程办理转让过户手续,保证在客户签约后在约定的时间内及时收到商标款项。对买卖双方而言,平台在商标买卖双方达成转让意向后,将会和买卖双方签订相应的转让协议及法律保障，保证转让方和受让方能够有法可依，有理可讲。

（5）买标者在签订合同之前，可根据需求向平台申请商标评估服务，平台会对商标价值做出合理有效的评估，同时对转让的商标信息进行核实，查询是否有过侵权行为，是否存在近似商标等信息，切实保障买标者的权益，避免侵权风险。

（6）商标转让过程中，平台为交易提供担保，促成双方合作，打破行业内目前的第三方交易模式。买标者在完成相关商标转让手续后，可在中国商标网查询商标转让状态。

### 3. 注标

买标网注标系统，为客户提供全程托管式服务，帮助创业者做好商标起名、商标设计、递交文件、商标注册，每天实时跟踪进度，让客户在最短的时间内高效率地使用商标。

商标查询（10分钟）→申请文件准备（1小时）→提交申请（当天）→缴纳商标注册费用→商标形式审查（14天）→下发商标受理通知书→商标实质审查（6个月）→商标公告（3个月）→颁发商标证书。

商标注册有着复杂的流程和较长的注册周期，绝不是一件向商标局提交完申请材料就可以了事的工作。因此，除了熟知商标注册流程以外，作为一个规范且资历深的商标代理平台，"买标网"线上服务团队更懂得市场分析、数据分析、LOGO设计等，可以最大限度地提高商标注册的成功率。

买标网平台不仅可以为客户做好商标起名、商标查询等前期工作，还可以为客户做好商标 LOGO 设计、异议答辩、驳回复审、国际商标注册、品牌策划等后期工作，提供闲置商标转让，为客户提供综合性服务，更全面地实现商标的价值。

### 4. 商标分类表

商标国际分类共包括 45 类，其中商品 34 类，服务项目 11 类，共包含 1 万多个商品和服务项目。买标网平台通过大数据，直接对接商标局系统 3100 万件商标申请量，给商标交易买卖双方最直观的商标信息。

### 5. 商标价值评估

对于许多想买卖商标，想注册商标的企业或者个人来说，商标的价值无疑是一个比较重要的属性。那么，如何知道自己所出售或者所注册的商标价值是多少？

商标价值评估是买标网平台的特别设置项目之一，所有卖方客户可以通过线上提供数据、展示商标，以及一些商标活动展示商标，由线上商标评估师专业鉴定商标价值，按照现实收益法以及市场性、预测性、公正性、咨询性等特性为商标做价值评估。

另外，买标者可根据需求向平台申请商标评估服务，平台会对商标价值做出合理有效的评估。

## 个人 IP 爆炸式发展

**一个优质的个人 IP 就像一张含金量极高的 VIP 通行证，既能彰显个人品牌力量，又能扫除商界发展中的障碍！** 如果没有一个鲜明的个人形象，那就无法让更多人喜欢，并为你的影响力埋单。不管形势如何，一个千万市场价值的 IP 一定是拥有一定知名度、有潜在变现能力的 IP。

伴随着个人 IP 的成长，我从不为人知的"小喽啰"，到被人熟知，进而被人欣赏，再到被人推崇，每一步都伴随着个人价值的沉淀。在这个过程中，我深刻地认识到：优质的商业 IP 能够源源不断地产生商业价值，并且使品牌形象不断深入人心。

我会充分利用各种碎片化时间到各地去交流考察，与更多的朋友分享商业经验，因而逐渐地成为知识管理界的"名人"！闲暇时间我还会不断进行内容宣传，让用户深刻感受到我的价值。我每天都在朋友圈不定期地分享个人思想认知，分享商标经验，与客户朋友线上线下互动交流，终于成为人人熟知的商标先生！我为自己打造的商标创业书籍也在发售中，一个最受大众喜爱的商标先生就这样成为理所当然的存在。这个商标先生代表的是价值，是对我本人人品、行为、性情、价值的认可，更是对我背后关于商标价值的认可。

我紧抓时代热点，拍视频、玩直播、造内容、开个人号……深深根植当下社会最肥沃的经济土壤，把握最具互联网化的宣传渠道，一方面强化专业知识的传播，让更多人加深对商标与财富关联的认识；另一方面，强化清晰的人格辨识度，让更多创业者最直观地和商标先生的价值观碰撞，从而衍生更多商业价值。可以说，这一切都是围绕着 IP 价值辐射的半径在商业化冶炼。

## 梦想还将继续

时间见证价值，经过我的不断努力奋斗，商标先生个人 IP 突飞猛进，获得了不少顶级业内大咖的支持，个人特性也越来越清晰、具体，成就了最具品质感的品牌形象体。创业中蹚过的坑、吸取的经验教训和从中收获的感悟，使我得以与诸多创投界大佬站到同一思想阵线，同时还能给予其他创业者以灵感、启迪和激励。

在我看来，一路走来遇到的每个人都是值得珍惜的，帮助我的、肯定我的、提点我的、质疑我的、被我拖累的、受我帮助的，无论身价几何，每个人都是闪光的星出现在我的生命之河，每个人的存在都对我意义深重。

现在，我的事业基石牢固，但我想说一切还只是开始，关于梦想与追求，我还有更多设想，还有太多的精彩与欢乐需要我去寻找。回馈社会、回馈人生，无论光阴几何，我要继续这个有温度、有深度、有高度的大事业！我要尽我所能去致敬那些生命中走过的贵客！

在路上

商标之道

# 下篇

商标先生讲商标

过去的15年，我在商标创业路上摸爬滚打、砥砺前行，经历了两次危机，终于取得了一定的成绩，将公司打造成了商标行业内的标杆企业。而这一切离不开我个人与团队的专业素养和客户对团队的支持。

到目前为止，我的商标团队累计服务不下8万人，其中典型的案例数不胜数，本书特此提炼两个典型案例、十大商标问题，一方面旨在回馈社会，为创业者提供解决商标问题的思路与方法；另一方面意在感恩，感恩一路同行的伙伴们给予我的信赖与支持！

# 第4章 商标案例：市场未动，商标先行

## 案例一："粉嫩公主"历险记

刘燕是粉嫩公主生物科技有限公司的董事长，她于2014年创立"粉嫩公主酒酿蛋"品牌。2015年，她的弟弟刘君加入粉嫩公主生物科技有限公司，成为"粉嫩公主酒酿蛋"品牌执行一把手。粉嫩公主生物科技有限公司在北京成立后，年度销售额高达2亿元。

### 商标代理商不专业，简直坑死人

品牌创立初期，刘燕姐弟认为可以注册一个商标，做成自己的专属品牌。不过商标意识不强，加之当时资金不够充裕，本着省钱办事的原则，最后刘君在淘宝上找了一家中介，注册了一个33类"粉嫩公主"商标。

淘宝代理商的这种做法不够专业，没有明确向刘君说明注册类别与产品之间的关系，只以"酒类"产品做分类，注册33类。但是酒

粉嫩公主商标

酒酿蛋商标

酿蛋本身却包含酒、食品、五谷杂粮以及互联网经营等因素，所以最专业的做法是把5类、9类、35类、38类、42类等类别全部注册，就可以合法维护自己的品牌，避免侵权。

**商标不确权，恶意侵权丧心病狂**

刘君自以为注册了商标就可以高枕无忧，一心扑在品牌经营上。然而，"粉嫩公主酒酿蛋"卖得太火爆了，开始不断有人模仿。更恶劣的是有一商家反过来恶意诬告，使得"粉嫩公主"的商标受到质疑。他们万万没想到，就因为这次不专业的注册，使他们之后的4年被恶意侵权事件弄得焦头烂额。那么，恶意侵权的商家是如何操作的呢？

第一，商标公告期恶意异议。"粉嫩公主"商标于2015

年9月8日通过审核进入公告期，本来3个月公告期通过，商标就可以正式使用。但这个侵权商家却找人对商标提出异议，导致商标审核期又延长一年半，无法确权。

第二，百度推广截流。侵权商家通过DDoS发起大规模的攻击，同时设定百度品牌专区，使得"粉嫩公主"品牌百度竞价排名始终排在后面，造成"粉嫩公主"自身重要客户的关键服务器资源耗尽，直接导致关键业务应用中断，给刘燕姐弟的业务和信誉带来巨大的损害。

第三，假冒产品。从2015年到2016年，因为商标被异议没有确权，侵权商家就蓄意模仿"粉嫩公主"，从产品到包装，甚至宣传词都如出一辙。侵权商家还在网上，声称他们才是正品，刘燕姐弟的产品是假冒的。

第四，抢注"粉嫩公主"其他的类别。侵权商家的注册虽然也没有确权，却在百度搜索上面发布排名第一的广告，客户通过搜索首先查到的就是假冒产品，侵权商家以此手段肆意截取"粉嫩公主"客户流量，差不多50%的客户都被其截走。

第五，恶意竞争品牌代言。2016年"粉嫩公主"品牌邀请台湾模特左永宁做代言，在与左永宁经纪人商定代言费、谈妥代言时间的情况下，侵权商家又来恶意竞争。最终导致"粉嫩公主"付出的代言费比之前预计多了10多万元。

最艰难的时候，连代理商都开始质疑品牌是否可信，大批的代理商不再做"粉嫩公主"的代理，转而代理侵权商家的产品，这期间的损失何止千万元。面对一系列侵权和恶意针对事件，刘君为维护品牌，从 2015 年开始不断奔走，搜集证据找律师，到法院起诉侵权。最令人气愤的是，恶意商家在做出一系列侵权行为后，还反过来找律师反诉，说刘燕姐弟是侵权方。

**面对恶意侵权，该如何应对**

万般无奈之下，刘君通过一个代理商的介绍，到北京找到了我，想要寻求帮助。我们初次面谈时，刘君整个人感觉显得非常消极，一副"垂死挣扎"的状态。

经过仔细分析，我认为他的商标问题是可以解决的。于是，我认真制订了具体的解决方案。

关于商标异议，我们四处搜集证据材料，去商标局辩论，通过多次交涉耗时耗力一年多，到 2017 年商标局最终判定对手异议无效，商标注册证终于下来了。

关于侵权，根据我的提议，刘君第一时间进行了全类注册，包括版权，申请无区域限制字号公司，以及专利扩充等，并且我还为他制定了全套的侵权官司策略、公司品牌全案战略布局，对"粉嫩公主"品牌实现了全方位的保护。

关于竞价排名，在我的建议下，刘君四处搜集资料，到百度公司法务部维权。第一轮审核刘君取胜，侵权商广告位被撤，后来侵权商反告刘君商标没确权，折腾了几个来回，直到商标到手才最终确定了"粉嫩公主"的正牌广告位。

2017 年，当我拿着全类商标证书给刘君的时候，他的手都是颤抖的，感动落泪。这个情形深深地震撼了我，第一次切身感受到自己所从事行业的价值，能够通过自己的努力帮助到客户，解救人和企业于水深火热之中，还有比这更有意义的事吗？

因为有了商标注册证书，刘君终于可以起诉侵权商家了，侵权商标纷纷被他投诉下线，真的是"一标在手，吃遍所有"。"粉嫩公主"品牌成了刘燕姐弟俩的专属品牌。

### 社会需要正义规则来维护

这一年内，我帮刘君彻底搞懂了什么是知识产权布局，什么是品牌布局、公司组织结构布局。之后有朋友问他要如何做品牌，他都会把自己的经历讲给别人听！

"粉嫩公主"商标确权事件长达4年之久，是一个典型的互联网商标案例。我之所以接手这个案子，一方面是因为感动于刘燕姐弟俩的为人，二人互相关爱，面对困难与挫折不屈不挠。我想如果这样善良正直的两个人都得不到帮助，做商标还有啥意义呢？

另一方面是恶意侵权商太猖狂了，这样没底线、被暴利驱使失去了基本做人原则的人，需要正义来惩罚他们，社会需要正义的规则来维护，而我就要做那个正义的代表。所以，我尽全力帮助这对姐弟脱离困境，解决了这场商标纷争。

### 创业，走好第一步

通过这个案例，你是否可以深切地感受到商标的重要性呢？现在还有很多人，特别是创业者，因为资金拮据舍不得在知识产权上投入，或者对待商标不是那么在乎。但是我再次提醒各位，商标看起来是创业路上非常小的一个因素，可一旦处理不当，小商标给你带来的可能就是一场灭顶之灾！在这个商标意识普遍增强的时代，创业者要早做咨询早打算，千万不要延误良机。而且，咨询商标业务时，一定要找专业团队，否则很可能因小失大，刘燕姐弟的前车之鉴就是例子！

## 案例二：森舟茶业"满口香"商标终获确权

肖森舟，森舟茶业（厦门）有限公司品牌创始人兼CEO，在2015年中国跨境微商领袖峰会中获得"2015微商领袖"荣誉称号，北京大学电子商务总裁班特聘讲师，《微信营销108招》作者。

### 选对好名字是成功的一半

2006年，肖森舟创立"森舟"牌茶叶，主要经营福建安溪铁观音，同年7月申请第30类"森舟"茶叶商标。在注册"森舟茶叶"商标时，他还想到铁观音自带香味，喝上一小杯满口生香，可以取名"满口香"，这个名字读起来朗朗上口，寓意又好。

当时，这两个商标都让商标代理公司做了查询，都没有人注册，成功率很高。

然而，刚创业时资金紧张，他觉得没有必要同时注册两个商标，就先注册了以自己名字命名的"森舟"茶叶，想着以后赚钱了再注册"满口香"。

为了在淘宝上快速打开市场，加上他念念不忘"满口香"这个名字,就单独开发了一款茶叶,命名为森舟牌满口香铁观音。以"森舟牌"作主打,"满口香"铁观音作附属。

经过2个月的广告宣传,"满口香"铁观音借助电商平台大火,是整个淘宝店卖得最好的一款,日渐成为整个森舟茶业的销量主体,占总销售额的80%以上。到后来整个公司就靠满口香铁观音这一款茶火爆盈利,"森舟"品牌反而逐渐成为辅助。

森舟茶业"满口香"

### 商标注册不及时,追悔莫及

2006年9月底,看到"满口香"品牌的市场影响力和用户的良好反馈后,肖森舟准备正式着手"满口香"商标注册。

怎奈事与愿违,经代理人查询,"满口香"商标已经被一位来自广东的自然人给注册了,而且注册时间与他注册第一个"森舟"商标的时间仅相差45天,肖森舟当场就傻眼了,明明唾手可得的商标却突然成了别人的。

他询问代理人,是否可以拿回被别人抢先注册的商标。代理人指出,如果想要回商标只能向商标权利人购买,而一旦涉及买卖交易,价格就不会低,还要商标权利人同意转让才行。

### 商标价值评估很关键

因为涉及商标转让问题,肖森舟暂时放弃了这个事宜,继续从事他的茶叶经营。然而,以"满口香"命名的假冒商品却层出不穷地跳出来,竞争对手越来越多。这种情况造成森舟茶业的销售额急剧下降,可谓损失惨重。更让肖森舟痛心的是,一家假冒商凭借"满口香"品牌,营业额高达3500多万元。

这一现象迫使肖森舟开始寻找品牌保护策略,同时激发了他强烈的商标意识。2011年肖森舟通过朋友的推荐,找到了我寻求帮助。通过电话商谈,我了解到基本的情况,经过分析后,认定商标注册已然失了先机,"满口香"商标经过4年审核已于2010年9月7日注册成功。当时商标注册审核时间长,价格也贵,如果想要回商标只能通过购买的方式。我还帮助他做了拿回商标的利弊分析,肖森舟欣然同意买回商标,并且已经做了100万元现金的预算。

我联系到了"满口香"商标的持有人,持有人一开始不同意转让商标,我只能晓之以理动之以情,几次沟通下来,商标持有人终于松口了,于是我趁热打铁商定面谈。当天晚上,在我的陪同下,肖森舟不远千里开车从福建德化出发，历经一天一夜到达广州，与标主交涉买标。

标主原本要价 30 万元，比我们这边准备的 100 万元低了很多。肖森舟想同意，但我认为还有砍价空间，于是继续和标主谈判，最终标主同意半价出售。"满口香"商标最终以 15 万元的价格交易，对肖森舟来说真是个意外的惊喜。我们现场就签订了转让合同，办理好所有手续，拿回了转让材料，笼罩在肖森舟心头的阴霾终于消散了！

"满口香"商标回到了森舟茶业旗下，成为名副其实的第一品牌商标，森舟茶业终于挺直腰杆开始了品牌维权路！

### 商标在手，维权底气足

森舟茶业根据我给出的淘宝维权方案，第一时间开启维权路。在我的指导下，通过知识产权维权通道向淘宝、天猫投诉所有侵权商家，并且凭借商标证书直接线上删除侵权商家，这样上百家假冒品牌商纷纷下架，属于满口香的品牌时代终于到来。森舟茶业随后听取我的建议，先后注册了 30 多个系列商标，制订了周密的茶品牌保护战略。品牌一家独大，森舟茶业由此一路腾飞成为享誉业界的品牌商！这正是一个商标开启的财富经。

到目前为止，森舟茶业还与我所创的买标平台合作，让闲置的其他注册商标得以实现价值转换，盘活闲置商标。2018 年肖森舟还着手商标项目投资，成为买标平台的投资方。

在此我建议所有创业者，知识经济时代，品牌消费成为大众的主要消费方式,商标比以往任何时代都发挥着至关重要的作用,成也商标、败也商标的案例比比皆是!所以,**"市场未动,商标先行"正是创业者必须遵循的创业规则。**

# 第5章

# 商标意识问题

## 商标的起源

### 1. 在远古时代,商标是烙在牲畜身上的印记

商标的起源,最早可追溯到远古时代,当时的人们是将加在物体上的标记视为商标。据资料记载,这种在物体上加标记的做法被发现于公元前3500年埃及古墓出土的陶器上。有的研究者认为,商标起源于农夫烙在牲畜身上的烙印,英语单词"品牌"(brand)在盎格鲁－撒克逊语言中即为"烧焦"(burn)的意思。

### 2. 在中世纪,商标是标注行会和制作者的工具

WIPO有关商标权的书认为,商标与专利一样,是由特权逐步发展而来的,但与专利不同的是,商标的出现是行会为加强控制而有意为之的。在中世纪,手工业者要从事商业活动,必须加入各种行会,行会的规则要求产品上必须标注行会和制作者的标记。这种规则有两个

目的：其一，标注行会标记，意味着该产品是在行会控制下制作的，而非所谓的"私货"（contraband）；其二，标注制作者的标记，是为了找到残次品的责任承担者，以方便行会对其进行惩罚。这种方式对产品质量的控制是非常重要的，而且有助于维护行会的声誉。无论是埃及、罗马、中国等制陶工在陶器上的标记，还是中世纪手工业者在行会要求下在产品上的标记，虽然被认为是一种义务，但实际已经具有了商标的雏形。

### 3. 工业革命后，商标已成为市场竞争的基石

虽然商标的萌芽如此之早，但是在近代早期的商业活动中，商标的作用并不突出，甚至可有可无。西方国家在工业革命之前，人们大多生活在当地社区，只从当地购买商品，并且知道生产者和销售者，这时的商标基本上没什么作用。而且商家并不需要做广告，即使是做，也不过是用小字体做个简单的信息通告，不做任何过多的说明或者使用引人注目的商业标语。

工业革命之后，产品以工业化的规模大批量生产出来，而且技术创新提高了产品的品质，增加了产品的种类，并且随着运河与铁路的发展而被运输到全国各地。人口的增长使得人们开始从农村涌向城市，人均收入的增加也提高了购买力，而消费者需求的增加使得更多的竞争者进入市场，从而加剧竞争。因此，广告业与大规模的商品零售业迅速发展起来。

广告会暗示消费者通过记住商标或厂商名称的方式来区分不同的

产品，而商家为了打击竞争对手，也往往需要在自己的商品上标注商标或自己的名称，以使其与其他商家的产品相区别，并吸引消费者。这样，商标和厂商名称就成为市场竞争的基石。

商家市场营销策略的改变使得商标的作用开始彰显。在成本难以控制和单独包装出现之前，生产者要依靠批发商销售商品，后者则经常将前者的商标去掉，所以商标的作用并不明显或者根本没什么作用。在单独包装出现之后，生产者可以越过批发商直接面对消费者，并宣传自己的商标；而在商标为消费者所熟知后，批发商也不再轻易换掉生产者的商标了。这样一来，商标用来指示商品来源的作用也越发突出了。

## 商标在中国

### 1."商标"和商标实物

"商标"这个叫法并不是土生土长的，而是进口的外来语，是从英语单词"trade mark"翻译而来的。**"商标"一词最早见于我国的法律文件是 1903 年 10 月 8 日清政府与美国订立的《中美续议通商行船条约》。**

在 1903 年之前，我国一般是将"商标"称为"牌"或"牌子""牌记"等带"牌"字的词语，以至于我们现在仍然习惯于用"牌"字来指称商标，如"雕牌肥皂""海尔牌电器""联想牌电脑"等。所以说，

"定牌加工""借牌出海""中国名牌""贴牌产品""认牌购物""冒牌货""老牌""创牌""保牌"等词语中的"牌",其实都是指"商标"。

作为商品的标记,现代意义上的商标,在我国其实很早就有了。我国是一个有着悠久历史的国家,很早以前就已经出现了与商品交换相联系的商品标记。

### 2. 中国发现的最早的商标是只可爱的兔子

在北宋年间(960—1127年),私营工商业的发展已经存在非常激烈的竞争,不少店铺为了推销自家产品,除了装潢店面之外,还印制了带有店铺标记的广告。当时在山东济南有一家专门造功夫细针的铺子叫刘家针铺,就设计制作了一枚专门印刷商标的铜版,铜版上以"白兔"为商标。

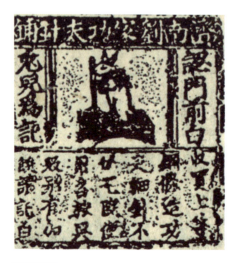

白兔商标

这枚距今 1000 多年的商标是我国也是世界上发现最早的商标，现存放在中国历史博物馆（上海），比西方的印刷品牌整整早了 300 多年。

刘家针铺的这块铜模板就是用来印刷广告的，模板长 12.4 厘米，宽 13.2 厘米。印版上方标明店铺字号"济南刘家功夫针铺"，正中有店铺标记——白兔捣药图，并注明"认门前白兔儿为记"，下方是广告语："收买上等钢条，造功夫细针。不误宅院使用，客转为贩，别有加饶，请记白。"

刘老板还在这枚铜板上加了广告语，1000 多年前就有这种思维真是值得咱们学习。

## 强商标和弱商标

商标显著性强弱的区分理论源自美国。该理论根据商标固有显著性的不同，将商标区分为强商标（strong mark）和弱商标（weak mark）。

### 1. 强商标

简单而言，那些标记性强、商标文字或图形本身无任何实际含义的商标，我们统称为强商标。

显著性：

（1）从相对显著性的意义讲，臆造词商标、任意词商标和暗示词商标，由于其具有固有显著性，能够被消费者立即当作商品、服务来源的标志，可以称为强商标。

（2）而从绝对显著性的意义讲，只有同时具有独创性和知名度的商标才是真正的强商标。例如，华为、阿里巴巴等。

### 2. 弱商标

简单而言，标记性弱、叙述性强，商标本身还标示某种实际存在的事物、意义的商标，我们统称为弱商标。

显著性：

从法律意义上讲，叙述词商标以及颜色、声音、气味等商标由于主要标示了产品本身的特征，在消费者眼中，一般不会同商品或服务的特定出处联系到一起，属于显著性较弱的标记。

当然，经过长时间的使用，消费者也可能克服通常的观念并建立特别的印象，从而将该标记与特定出处相联系。但这一过程通常不仅相当不确定，而且即使成功，最多是获得相对显著性，除非特别知名，基本上不可能享受超出本商品或服务领域的保护。例如，苹果、锤子、长城等。

### 3. 商标的强度

每个商标都具有两个强度：一个是法律上的强度，一个是市场上的强度。在商标进入市场的时候，二者的关系是呈反比关系的：法律上的强度越强,那么市场上的强度越弱;反之亦然。

以华为手机为例,华为由于跟手机没有直接联系,很少有人将华为跟手机联系起来。在华为刚进入手机市场的时候,不具有任何市场认知程度,其市场强度是最弱的时候。然而,经过长期的经营和宣传,现在大家都知道华为手机了,一说华为,脑海里也会浮现华为公司的LOGO和手机。而且现在"华为"一词即使不在手机这个商品上使用,大家仍然能够第一个想到华为公司,华为就成了具有绝对显著性的真正强商标,从而在法律和市场两方面都能获得最大的保护。

看了以上的讲解,相信大家对强商标、弱商标都有了大致的认识。强商标显著性比较强,但是前期宣传推广投入比较大,要让消费者能够将产品和商标联想起来。而弱商标,像苹果、锤子,都是比较常见的事物,宣传的时候,大家很容易就记下来了,但是企业还需要通过持之以恒的努力和宣传,改掉消费者心中的固有印象,让消费者听到商标名就能优先想到自家企业。

## 商标的重要性和价值

很多创业者在事业刚刚起步时,不想耗费时间和财力去注册商标,认为可以先使用着,等到事业成熟时再去注册也不迟。这是非常错误的想法!

对一个未注册商标来讲，谁先申请注册，该商标的专用权就授予谁，所以一旦商标被他人抢先注册，除了不能再使用该商标外，还有可能被起诉，或者花费更大一笔钱去购买此商标。近年来，恶意抢注商标的事件频频发生，商标对于创业公司的重要性不言而喻。

根据《中华人民共和国商标法》(以下简称《商标法》)的规定，商标权有效期为10年，自核准注册之日起计算，期满前6个月内申请续展，在此期间内未能申请的，可再给予6个月的宽展期。续展可无限重复进行，每次续展期为10年。

商标的价值无法准确估量，但它能够随着品牌知名度的提升而升值，市场越大、使用频率越高，商标的价值就越大。

一枚好商标的无形价值是非常可观的。即使是初创公司，只要好好经营发展，商标最终带来的价值也是不可估量的！

## 商标不注册就使用的隐患

### 1. 商标专用权不能得到保护

一个企业使用的商标如果不经过注册，那么商标使用人对该商标不享有商标专用权。就是说，你使用这个商标，别人也可以使用这个商标，这就使商标标明商品或服务来源的基本作用受到了影响，也导致商标代表一定商品或服务质量和信誉的作用大打折扣。

### 2. 容易遭到他人抢注

一旦他人将已经在使用的商标抢先注册，该商标的最先使用人反而不能使用该商标。这方面的教训是相当深刻的。

根据《商标法》的有关规定，商标专用权的原始取得只有通过商标注册，而申请商标注册又采用申请在先原则。即对一个未注册商标来讲，谁先申请注册，该商标的专用权就授予谁。

因此，不管一个企业使用一个商标有多久，如果它没有将该商标注册，那么只要别人将该商标申请注册，商标专用权就会授予申请人。

### 3. 容易造成侵权行为

使用未注册商标，该商标与使用在相同的或类似的商品上的注册商标相同或近似的概率极高，有可能会对已注册的商标造成侵权。只要是侵权，就要赔偿经济损失，进而影响企业的生产经营活动。

### 4. 未注册商标不能形成工业产权

《商标法》规定，只有注册商标的专用权受法律保护，未注册商标不受法律保护，其使用人也不享有商标专用权。因此，未注册商标不能形成工业产权，也不能成为使用人的无形资产。

### 5. 造成经济损失

一个苦心经营的成功商标就是消费者认购的标志，是以营利为目的的企业一棵无形的摇钱树，无论商标被抢注还是被低质产品的涌入而冲击，企业挽救的措施要么是将"自己的"商标重新买回来，要么就只能放弃苦心经营的商标使用权，白白为他人作嫁衣裳。无论结果怎样，给企业造成经济损失是必然的。

## 商标和版权

见过无数次知识产权侵权的案例后，人们的知识产权意识也不断增强，企业以及个人已经越来越重视知识产权，不管所属行业是什么，首先，注册商标准没错。

很多人认为，只要注册了商标就足够保护企业形象及品牌了。为什么还会屡次曝出一些商标侵权案件呢？在有些案例里你会发现，原来只是因为忽视了版权。例如，经营网店的柴先生申请注册并经商标局核准的商标还没用热乎，却被人起诉侵犯了商标图案的著作权，柴先生为此赔偿了7000元，还不得不注销商标。

这时，你可能会问：版权是什么？

版权也称著作权，是指作者及其他权利人对文学、艺术和科学作品享有的人身权和财产权的总称。著作权自作品创作完成之日起产生，在中国实行自愿登记原则。著作权有作品著作权和软件著作权之分。

但与其问版权是什么，还不如问版权与商标有什么关系。

其实版权就是商标的多重保护。申请商标同时登记版权有以下好处。

（1）版权有在先权利。《商标法》明确规定，著作权享受在先权利，未经著作权人的许可，将他人享有著作权的作品作为商标使用，属于对他人在先权利的侵犯。商标虽然主要针对的是产品和服务，但商标是由文字、图形、字母、数字、三维标志、颜色组合和声音等组成的，而版权指作品的制作权，也就是说如果你的商标组成的图案登记了版权，那就证明这个商标是由你设计的，你就拥有这个商标的创作权。那么，就可以避免别人拿你的商标去注册其他类别的产品和服务了。

（2）非商标性使用也可以维权。比如有人用你的LOGO或商标图形，没有用在商标上，用在别的地方了，并且用以建立该标志与自己特定商品之间的联系的行为，那么你可以以著作权侵权及不正当竞争行为为由维权。因为那时，《商标法》就管不了了。

（3）在注册商标的同时申请版权保护，版权下证书快，如果在商标流程中驳回了，可以用作证据材料使用，提高商标驳回复审成功率。

（4）"商标版权化"会保护连续3年不使用的商标。商标如果3年没有使用，商标局就会撤销该商标。这个规定的本意是防止原商标持有人不合理地囤积或垄断本可被其他经营者有效利用的商标资源。但是，在"商标版权化"的保护模式下，商标权人的商标即使因为不使用而被撤销,也会基于其享有的著作权而禁止他人继续利用。

看到这里,是不是发现商标跟版权是息息相关的?

不要以为版权就单单是商标的多重保护伞那么简单,申请版权还有其他好处。

(1)版权的保护时间长。如果权利人是个人,版权保护期即为该作者一生及身后50年;若权利人为单位,版权保护期为50年。均从作品完成之日起算。

(2)版权不受地域的影响,即全球都承认。在中国完成的,在其他国家依然享有著作权(版权)。

(3)发生著作权纠纷时,著作权登记证书是主张权利的有力武器,它可以维护作者或其他著作权人和作品使用者的合法权益,作为权利的初步证明,同时也是向人民法院提起诉讼,请求司法保护的前提。

(4)在进行软件版权交易,版权转让、许可使用等活动时,也需要软件著作权登记证书作为权利证明,它有利于作品、软件的许可、转让、传播和经济价值的实现,更有利于交易的顺利完成。

(5)企业申请版权是办理双软认定、高新技术企业认定的前提,可以享受国家税收优惠政策,是企业创新实力的表现,能够增强企业市场的有效竞争力。

(6)软件著作权目前可以作为无形资产,通过银行申请质押贷款。

(7)版权可以被认定为技术,在通过无形资产评定后,作为对企业的出资入股。

(8)企业破产后的有形收益。

## 初创企业该如何选商标

一个好的商标为了承载企业的形象，必须是可以受到《商标法》保护专用的，同时也需要具有品牌的基本元素，能够为后期的市场推广持续加分。那么，企业应该如何选商标呢？

首先，应了解什么样的元素可以作为商标。商标的组成元素是多样化的。传统的商标多为文字、符号、图形或者设计组合，现代的商标已经发展到包括声音、颜色、动画以及立体的形状等。

国内市场上大部分的商标都是文字、图形或者文图组合的形式。事实上商标的元素可以更加有创意、反传统，比如声音商标、颜色组合商标、三维立体商标，甚至气味商标、触觉商标。

企业在命名商标的时候可以打开思路，选取更加丰富的元素作为自己的商标，这样的商标在独创性方面是具有优势的，"撞标"的概率比较低。要注意的是，元素的选取必须符合企业商标使用所在国家的商标法律规定，比如国内暂时还不认可气味商标和触觉商标。

其次，商标必须要具有独特性。商标的主要功能是为了区别他人的商品和服务，应该具有独特性。独特性是商标权的独占性及排他性的前提。商标所有人对商标享有法律的保护，任何他人未经商标所有权人的许可，使用相同或者类似商标，均构成商标侵权，需要承担相应的法律责任。

《商标法》要保护申请人对自己的商标享有绝对专用权，则要求申请人的商标不能侵犯他人的在先权利。也就是说，《商标法》保护企业的商标"后无来者",前提是你的商标"前无古人"。

很多申请人在给商标起名时选用一些描述自己产品或服务内容的词语,觉得这样可以让消费者对自己的产品或者服务有什么功能一目了然,甚至加入一些宣传产品质量的词汇,比如家具企业给自己的产品命名为"好门"。

这些都是严禁作为商标使用的词汇。如果一个商标具有行业内习惯对某种产品的称呼,即《商标法》所谓的"通用名称",或者一个商标具有某种描述产品质量的词汇,则这个商标基本上会是一个"先天不足"的商标,注册本身就很困难,就算侥幸注册成功了,随着使用时间的增加、知名度的累积,先天缺陷可能会导致商标最终无效。

因此,一个好的商标,最好是跟企业的产品功能或者特点完全没有关系,可以从隐喻的角度体现企业产品的特点,但是不能够明确描述产品质量。做到了以上两点,跟他人商标近似的概率也会降低。

最后,商标的意涵远不止于其法律意义。扩展到市场营销范畴,商标也被称为品牌。通过商标注册,企业可以保有智慧财产权,提供企业对于产品特征在法律上的保障,赋予商标所有者在法律上的所有权,确保企业能够安心地投资品牌经营,并从中获利。

品牌的投资能赋予产品独特的联想与意义,并与其竞争品产生区别。品牌可以作为产品水准的信号,有利于顾客的再次购买。顾客的品牌忠诚,有助于公司品牌需求的预测与控制,并形成进入壁垒,阻挡其他竞争厂商。虽然制造过程与产品设计容易被模仿,然而,消费者心目中的品牌印象与使用经验却不容易被取代。

由此观之，品牌可视为企业确保竞争优势的有力工具之一。好的商标在命名初期即要考虑到品牌的要素。品牌元素的选择准则大概有以下几点内容：

第一，易记忆，也就是容易被识别、被回想；

第二，有意义，能够寓意企业文化、特点、愿景，具有说服力；

第三，富有亲和力，可以使人感到愉悦，具有美感和舒适感；

第四，可转移，能够跨地理范围及文化，跨越产品类型；

第五，可调试性，有弹性，易更新；

第六，保护性，可被注册，保护竞争。

可以说，选择一个好的商标，是企业战略实施的一个首要环节。所以，企业在选择商标时要多花些心思，既要考虑法律上能够核准注册，确认可以受到法律的保护，还应该容易被记忆，符合企业的形象定位。

## 案例分享

### 案例一：网红喜茶的创始人花 70 万元购买商标

2018 年 4 月 25 日，网红喜茶完成了 4 亿元的 B 轮投资，一时轰动茶饮界。

创办喜茶的时候，聂云宸只有 21 岁。这位年轻的创业者曾深受商标问题的困扰。

喜茶原名皇茶,改名则正是因为商标的问题。注册皇茶商标在进行审核时,认为皇茶有被理解为"皇家专供的茶"、夸大产品质量的嫌疑,所以一直未予通过,聂云宸申请了几年都无疾而终。随着知名度的提升,市面上"山寨"皇茶横行,无奈之下,他只能改名。因为之前一直想注册皇茶商标,也没有考虑注册其他商标,最终他只有花费70万元购买了喜茶商标。

喜茶商标

商品已经小有名气再注册商标,等到即将注册商标时发现商标已经属于他人,对商标审核知识不了解造成品牌危机等,这都是创业圈频发的商标问题。

商标和企业品牌之间,本身就具有密不可分的关系。当被问到"企业的品牌重要吗"时,很多创业者都会说"品牌很重要",但是要说起商标,大部分人却说不出所以然。若要用一句话来概括品牌和商标之间的关系,那就是:**品牌若是企业的灵魂,商标则是企业灵魂附着的载体**。

商标保护是为企业发展保驾护航的重要武器,年轻的创业者只有在扬帆起航时就利用现有的法律武器保护好自己的每一个商标,才能避免陷入商标危机无法自拔,做到"手中有粮,心中不慌"。所以,年轻的创业者,请不要忽视商标的重要性!

### 案例二:"安奈儿"被山寨

作为国内童装业的知名品牌,Annil(安奈儿)童装用10年的努力从"山寨"的阴影中走出。而这10年也正是中国企业在知识产权层面自我认知、自我发展的10年。

安奈儿创始人曹璋在刚开始建立安奈儿时,没有太多长远规划,更不要说有保护商标的想法了。虽然当时注册一个商标要两三千元,整个品类注册下来花费也不会很多,但是由于没有商标意识,在商标品类注册上没有考虑周全,以至于遭到其他品牌的抄袭、模仿。

1999年,安奈儿向商标局递交了"安奈儿及图"中文商标的申请,并在不久后登上了《商标公告》,等待社会的意见反馈。

这时,国际知名品牌Chanel(香奈儿)提出了异议,Chanel(香奈儿)以"安奈儿"涉嫌复制、模仿其商标为由,阻止了安奈儿中文商标的注册。从两者商标的字面上看,安奈儿与香奈儿的确比较近似,一向注重商标保护的香奈儿在第一时间提出异议无可厚非。但是,从衡量近似商标的标准来看,安奈儿在经营范围、发展理念和企业文化上均

before

after

安奈儿商标

与香奈儿大相径庭,并不存在对香奈儿品牌影响力淡化的威胁,这从安奈儿10年来的发展和定位上,我们可见一斑。

历经10年,安奈儿的中文商标终于获准注册。

**商标经营的好坏,对企业来说是生死抉择的大事。商标就是企业的护身符。** 前期做不好保护措施,遇到问题再去弥补,不仅成本非常高,还未必会成功。所以,提高商标保护意识,认识到商标的重要性,对商标做好保护措施,对创业者来说是至关重要的一步!

# 第6章
## 商标注册问题

### 如何进行商标注册

树立起商标意识，清楚了商标的价值之后，你是不是已经迫不及待地想要为你的商标进行注册了呢？

那么，如何进行商标注册就成了当前的重要问题。接下来介绍一下什么是商标注册，以及注册的流程、方式的选择、类别的指定和注册过程中需要注意的问题。

商标注册是指法人或其他组织对其生产、制造、加工、拣选或经销的商品或者提供的服务为了取得商标专用权，依法向商标局提出的商标注册申请。它是商标使用人取得商标专用权的前提和条件，只有经核准注册的商标，才受法律保护。

简单地说，商标注册就是你设计了一个商标，然后经过官方查询，确认在此之前并没有人申请过相同或极其相近的商标，你就可以申请商标注册了。

当前在国内注册商标有两种途径：一是企业或个人直接办理注册，二是委托在商标局备案的专业商标代理机构注册。专业的事找专业的人来做，能够有效规避注册中的风险，提高商标注册的成功率。

商标注册是要经过严肃法律程序的"工程"。既然称之为工程，那么过程中自然有很多烦琐和必要的步骤，以及需要注意的问题。

## 商标注册的具体流程

商标申请注册的程序分两步。

第一步：商标查询。根据客户提交的商标及商标使用的商品或服务给予专业查询，然后依据查询的结果，给予客户需申报商标注册可行性分析及建议，以最大限度地降低商标被驳回的风险。

第二步：申请注册。

申请报标阶段：当天上报商标局，当天返回商标局报送清单；

商标局审查阶段：形式审查通过→商标局发出受理通知书→实质审查；

初审公告、核准注册阶段：实质审查通过→初审公告→异议期→核准注册。

商标注册的时间：

商标局 1 个月左右发出受理通知书；

商标局在 6 个月内给予审查通过商标予以初审公告；

初审公告期 3 个月；

商标注册完成整体流程大约需要 13 个月；

除商标局在 9 个月内初审公告通过审查的商标和初审公告期 3 个月是法定期限外，其他时间均为预估时间。由于商标局审查方面的特殊原因，可能个别商标注册完成时间有所延迟。现在商标局审查速度越来越快，审查时间缩短为 6 个月。

**商标注册流程及使用指南**

商标注册过程（全程12~15个月）

| 1个工作日 | 2个工作日 | 2~4个月 | 9~12个月 | 初步审定 | 3个月 | 注册成功 | 3个月左右 |
|---|---|---|---|---|---|---|---|
| 准备阶段 | 上报文件 | 形式审查 | 实质审查 |  | 无异议 |  | 获取证书 |
| 前期沟通、查询、资料准备 | | 下发纸质受理通知书 | 核准商标注册 | | 异议答辩 | | 后续10年免费监测 |

驳回复审（未通过）
他人异议 → 异议答辩 → 通过

商标注册流程

商标注册所需文件：

法人名义：营业执照复印件、清晰的商标标识、申请书、委托书。

个人名义：身份证复印件、个体工商户营业执照复印件、清晰的商标标识、申请书、委托书。

**公司商标注册与个人商标注册**

企业注册商标和个人注册商标不仅仅是上文提到的所需文件的不同，还有其他方面的区别。

1．注册时提供的材料不同

公司名义注册需要提供公司营业执照复印件并加盖公司的公章。

个人名义注册需要提供个人身份证复印件、个体工商户营业执照复印件。

2．经营范围是否受营业执照影响

以公司名义注册，注册的商标范围不受营业执照的经营范围限制，可以注册全部45个商标类别的任意一个类别。

以个人名义注册，注册的商标必须与个体工商户营业执照的经营范围一致，只能注册与个体工商户营业执照一致的商标类别。

3．商标归属权不同

公司名义的商标，所有权归公司，企业法人或企业的股东不享有对注册商标的专有权。公司注销了，商标也就无效了，商标属于公司财产，需要清算。

个人名义的商标，个人注册的商标只归个人所有，企业的成立或者注销对商标没有任何影响。

4．稳定性不同

公司名义商标不稳定，当公司名称、地址或是公司法人出现变更，商标也要相应做商标变更。

个人名义商标较稳定，个人的身份证一般是不变的，商标也不需要进行变更，相对稳定。

### 5．所有权支配不同

公司注册要由公司决定商标的使用情况。

个人注册权限比较集中，个人享有商标的专用权。

### 6．商标使用证明

公司名义使用证明，公司的活动、产品、服务比较多，只要其中一项使用了商标就属于商标的使用。

个人名义使用证明，个人很难证明使用过商标。

### 7．商标注册申请人名义要求不同

企业注册商标，申请人必须是营业执照上的企业名称，不能更改。

个人注册商标，个体户申请可以以其个体工商户营业执照登记的字号作为申请人名义提出商标注册申请，也可以以营业执照上登记的负责人名义提出商标注册申请；个人合伙可以以其营业执照登记的字号或有关主管机关登记文件登记的字号作为申请人名义提出商标注册申请，也可以以全体合伙人的名义共同提出商标注册申请。

## 商标注册需要遵循的原则

（1）自愿注册和强制注册相结合原则。我国大部分商标采取自愿注册原则。国家法律、行政法规规定必须使用注册商标的商品（主要指卷烟、雪茄烟、有包装的烟丝）的生产经营者，必须申请商标注册，未经核准注册的，商品不得在市场销售。

（2）显著原则。申请注册的商标，应当具有显著特征，便于识别，并不得与他人在先取得的合法权利（如外观设计专利权、姓名权、著作权）相冲突。

（3）商标合法原则。申请注册的商标不得使用法律禁止的标志。已经注册的使用地名的商标继续有效。未经授权，代理人或者代表人以自己的名义将被代理人或者被代表人的商标进行注册，被代理人或者被代表人提出异议的，不予注册并禁止使用。商标中有商品的地理标志，而该商标并非来源于该标志所标示的地区，误导公众的，不予注册并禁止使用；但是，已经善意取得注册的继续有效。

（4）对商标注册申请进行审查公告时，坚持申请在先为主、使用在先为辅的原则。两个或者两个以上的商标注册申请人，在同一种商品或者类似商品上，以相同或者近似的商标申请注册的，初步审定并公告申请在先的商标；同一天申请的，初步审定并公告使用在先的商标，驳回其他人的申请，不予公告。

（5）禁止抢注商标原则。申请商标注册不得以不正当手段抢先注册他人已经使用并有一定影响的商标。

## "申请在先"和"使用在先"

在以上 5 条原则中,需要着重说明一下第 4 条。所谓"申请在先"原则,就是说谁先申请注册一个商标,原则上谁就获得了该商标的专用权;而所谓"使用在先"原则,是指在商标专用权判定时,更看重或者偏向"在先使用"者。

从逻辑上说,"申请在先"是有道理的,因为其尊重了法律先行的程序,也体现了商标申请注册意识的重要性。而"使用在先"原则的意义则在于:一方面可以保护那些出于种种原因而未获得注册商标的"老字号";另一方面,也可以将恶意抢注商标的"商标客"挡在门外。严格来说,在商标方面,没有单纯的"使用在先",因为如果那样,恐怕就没人再去申请商标注册了,所以,往往需要二者结合。例如在美国,想要申请注册一个商标,必须在规定时间内提供对相关商标实际使用的证据。

目前,在先使用的商标却被他人注册的情况比较普遍,尤其在中国企业跨国并购浪潮之下,类似的困境就更多。比如,有的外国公司品牌已使用百年,但被中国企业并购后,其品牌拿回国内使用时,往往会遭遇商标困局——相关商标在国内已经被别人注册了。这里还要重申一个知识点:商标保护的国际规则是,在哪儿注册,就在哪儿受保护,而这里的"哪儿"指的最小范围就是一个国家。

2014 年 5 月 1 日起,《商标法》进行了新的修改,其中就有兼顾"使用在先"的内容。具体来说,虽然是依然尊重"申请在先"原则,但对于已经在先使用的商标,只要实际使用人能够证明在该商标申请注册之前,其就已经实实在在使用了,那么,将来持有该商标证的权利人就不能对该实际使用人主张权利。当然,实际使用人也不能在原有基础上,私自任意扩大经营规模,否则就对该商标权利人构成侵权。

## 注册商标前的检索工作

商标局每年收到的注册商标申请数量高达数百万件,最终核准注册的商标却十分有限。众多注册商标因存在商标近似、商标缺乏显著性等问题遭驳回,不予注册。一旦注册商标申请遭遇驳回,申请人为此商标付出的精力、金钱等都将被白白消耗。

申请人向商标局提交注册商标前,需要做好相应的商标检索工作,如此方能心中有数,减少盲目性,进而提高商标注册成功率。那么,申请人应如何检索商标呢?

商标局官网中有实时录入已注册商标的数据库,申请人可通过商标局官网"商标查询"栏目,比对自己拟申请商标和数据库中的商标,进而了解是否存在商标近似、商标所选择的商品或服务类别存在误差等。

首先,申请人需确定查询商标的类别,核定使用的商品或服务。尼斯分类表将商标细分为商品商标(1~34类)和服务类(35~45类),

其中每一个类别中又可以细分为众多小类。如申请人商标使用于外套、大衣、牛仔裤等服装上，其商标则为25类商标；申请人检索商标时，应在25类中查询相应商标。

其次，申请人需要查询商标是否具有不良影响。《商标法》规定，容易产生不良社会影响，有害社会主义道德风尚的标志不得作为商标使用，因此申请需要考虑商标是否易产生不良影响，如"王八蛋""黑鬼"等商标格调低下、鄙俗，显然不会被核准为注册商标。

最后，申请人需确定商标是否构成近似或相同商标。商标的作用是区分同一商品或服务的不同提供者，因而《商标法》规定近似或相同商品、服务上不允许存在近似商标，否则容易对消费者造成混淆，扰乱正常的市场秩序。申请人需要充分利用商标局数据库，以判断所申请商标是否和已注册商标构成近似。

商标注册申请前的查询检索工作，虽不是商标申请的必经程序，但是它能让申请人准确地判断所申请商标，若出现问题便及时更改，进而提高商标注册成功率。

## 注册商标时注意的问题和事项

### 1. 查询工作

商标由中文、英文、图形构成，根据商标审查标准需单独进行审查，如果因为中文、英文、图形某一方与在先权利有冲突均会驳回整个商标的申请。所以在申请前期查询时，应该将这三者分开查询，在确定均可申请的情况下，方可组合进行申请。

在商标仅为汉字的情况下，主要根据音、形、意3个方面进行审查。完全相同的商标在相似或相同的商品或服务上进行注册，无法申请；表现形式或主要表达含义相同的不同汉字，无法申请。例如，天天惠和每天惠，3个汉字的读音与含义相似或相同，注册风险极高；又如，爱丽丝和爱丽诗，爱丽丝和爱利丝，注册风险极高；再如，商标中带有直接表示商品性质、功能、特点或是表示经营场地的字，但主要部分与在先权利构成相同，如相宜和相宜堂，注册风险极高。

在商标仅为英文的情况下，主要根据音、形、意、译4个方面进行审查。一般而言，若是有含义的英文会翻译成中文进行审查，如果已有相同含义的中文在先申请，英文将无法申请。在英文是臆造无具体含义的情况下，英文字母仅中间或末尾某个别字母有区别，注册风险极高。

在商标是图形的情况下，审查主要依据审查员人为主观判断，相对而言，存在一定运气成分。图形的审查不同于中文或英文，输入系统方可查询，图形查询首先需要确定该图形的要素，如果是一个抽象化的图形，根据不同角度、不同方式可以有很多想象的空间。查询前期确立图形要素非常关键，如某个图形似皇冠又似水滴状，审查员在归纳该图形是属于哪种要素的时候存在一定主观性，那么在查询的时候，这两种不同的要素都需要进行查询，在确定没在先权利冲突后方可申请。

## 2. 中英文图形分开申请能提高申请成功率

一般情况下，商标由中文英文或是中文英文图形组合进行申请，都会建议将商标拆分进行申请。这样处理的好处是：第一，分开申请的成功概率较高，不会因为某一方与在先权利有冲突而驳回整个商标的申请；第二，在中文或是英文均审查通过的情况下，可以分开使用，也可以合并使用，使用方式更为灵活。

## 3. 选择具体产品项目

注册一件商标，在一个类别可以选择 10 个产品项目。首先在选择产品时要选择自己最主要做的产品；其次再扩大保护范围，每个主要的小群组都选择一个产品进行圈地保护。群组包含的多还有一个好处是，如果某部分的产品驳回，但还有一部分的产品能拿到证书。

在商标查询前期，如果有些类别的群组与在先权利构成冲突，我们在选择产品时，应避开此群组。

## 4. 商标说明作用

在提交商标申请时，如果中文、英文为艺术化设计，需要说明正规写法；如果是英文与中文组合申请，该英文已有近似的申请在先，我们写说明时，可以与该中文联系起来，因为主要起识别作用的是中文，这会提高英文的通过率。很多客户都喜欢加与产品或服务相关的后缀，例如，"某光电"注册在 LED 灯上，一般而言是放弃"光电"专用权，但如果该商标"某光电"注册在与光电无关的产品上，有些时候即使是放弃专用权也没有用，还有可能因为这两个字的不恰当而驳回整个商标的申请。所以，一般情况下，不建议客户加这些后缀，应先注册具有显著部分的文字，在申请成功后，可以加上这些后缀进行使用。

### 5. 商标申请时间的意义

我国的《商标法》是以申请在先为保护原则的，即谁先申请是谁的。名字一旦确定可以申请，需要尽快办理提交手续。很多人认为只要查询到可以申请，就不用着急，可以先设计再申请。这样一整套VI设计下来，短则一个星期，长则半个月，设计出来以后再进行修改，往往总体需要一个月以上，是不利于商标保护的。我建议，先将简单的文字进行申请后，如果能顺利拿到证书，再将设计定稿的标志重新申请一次，这样做基本上没有什么风险。

## 哪些标志不得作为商标使用

（1）同中华人民共和国的国家名称、国旗、国徽、国歌、军旗、军徽、军歌、勋章等相同或者近似的，以及同中央国家机关的名称、标志、所在地特定地点的名称或者标志性建筑物的名称、图形相同的。

（2）同外国的国家名称、国旗、国徽、军旗等相同或者近似的，但经该国政府同意的除外。

（3）同政府间国际组织的名称、旗帜、徽记等相同或者近似的，但经该组织同意或者不易误导公众的除外。

（4）与表明实施控制、予以保证的官方标志、检验印记相同或者近似的，但经授权的除外。

（5）同"红十字""红新月"的名称、标志相同或者近似的。

（6）带有民族歧视性的；带有欺骗性，容易使公众对商品的质量等特点或者产地产生误认的。

（7）有害于社会主义道德风尚或者有其他不良影响的。

（8）县级以上行政区划的地名或者公众知晓的外国地名，不得作为商标。但是，地名具有其他含义或者作为集体商标、证明商标组成部分的除外；已经注册的使用地名的商标继续有效。

## 图形商标和文字商标哪个更好

商标一般是由文字+图形+颜色组合而成，只不过有的时候企业会为了商标的外观或者其他理由，会选择文字或者图形中的一种。在只选择一种的情况下，文字商标和图形商标哪个更好呢？

一般来说，文字商标是直接表明产品的主体或者本意的，属于更加直接、基础的表达方式；图形创意如果单独展示出来，可能在表达上没有那么直接。当然，图形商标也可以根据设计来表达自己的中心思想，甚至能表达出更多更深层次的含义。

我建议申请注册应以文字商标为首选。为什么要优先选择文字商标呢？因为与图形商标相比，文字商标有许多使用上的优点。比如，如果其他人以任何商标文字内容的方式使用你注册商标的文字内容，则都将被视为侵犯了注册商标的专用权，会被禁止使用。

当然，图形商标也有自己的优势，通常图形商标多用作企业或系列产品的标志。如果该标志不含有文字，或者相关企业、产品主要使用图形标志，那么，就应该优先考虑申请注册图形商标。

文字商标和图形商标，前者属于"言传"，后者属于"意会"，二者相辅相成。从商标保护的全面性和切实性来说，如果申请人已经有心仪的文字及图形想要申请注册为商标，那么，最好还是将两者全部申请注册，并且要采用分开申请的方式。

## 注册商标选彩色还是黑白色

注册商标指定颜色，是指申请人以单一颜色或彩色的商标图样申请商标注册，注册成功后，商标所有人获得的是单一或彩色商标的专用权，而不是该商标在所有颜色上的专用权。

颜色组合商标是由两种或两种以上颜色，以一定的比例、按照一定的排列顺序组合而成的商标。构成颜色组合商标的基本要素是颜色，而且是两种或两种以上的颜色。

简言之，注册商标指定颜色，就是给注册商标指定某种色彩（或多种色彩）；颜色组合商标，就是两个或两个以上的颜色构成了商标本身。

所以说，注册商标指定颜色和颜色组合商标当然不是一回事。

《商标法》第四十九条规定：商标注册人在使用注册商标的过程中，自行改变注册商标、注册人名义、地址或者其他注册事项的，由地方工商行政管理部门责令限期改正；期满不改正的，由商标局撤销其注册商标。

这里的自行改变，顾名思义包括注册商标指定颜色的改变。可见，只要作为注册商标使用（使用过程中打上注册标记），商标就必须同注册时完全一致。另外，指定颜色的商标如果强行改变颜色使用，还会对其将来的发展产生不利影响（比如在认定驰名商标、省著名商标等过程中，使用改变颜色的商标，不能认定为对原注册商标的使用）。通俗地说，商标怎么注册，注册下来就要怎么使用，不能任意更改。

不指定颜色的商标，在实际使用过程中可以任意改变商标的颜色搭配，而一旦指定了颜色，就不能随意改动，只能用当初指定好的颜色。许多人会认为这样指定颜色还不如不指定。对此，我的理解是这样的：存在即为合理。这个规定既然存在，我们就来找找它存在的意义。

第一，指定颜色一定程度上能增强商标显著性。

大家都知道，商标注册是存在风险的，你申请的商标若被判定为和别人已注册的商标相同或相似，在经过相对漫长等待期（9个月审限）后将面临被驳回的命运。当然，谁也不愿放弃使用已久的商标，那么在申请商标注册时，就需要通过加强商标显著性，来达到避免与他人相同或相似的目的，以此提升商标申请通过率。在这种情况下，给商标指定颜色，就相当于为商标加上了颜色这一个"限定条件"。一定程度上，这是一个降低申请风险，增强商标显著性的好方法。当然，这个方法在一定情况下对商标近似的情形管用，但对商标相同的情形作用不大。

第二，指定颜色能避免本身独有的显著性缺失。

比如一个由一副对联组成的商标，商标上的字样为"传统的红"，如果以黑白图样提出注册申请，就无法表达出其独特的显著性了。这时，指定颜色就能避免商标本身独有的显著性缺失。

这么说来，指定颜色的积极作用是在申请过程中体现的。

总的来说，注册商标指定颜色会限制其将来使用中颜色的多样性，但在申请注册阶段，能一定程度增强其显著性，两者均有利有弊，没有优劣之分。

建议：

注册商标申请人在选择是否指定颜色时，应充分查询中国商标网，在确定无相似商标的情况下，建议无须指定颜色；在查询结果较模糊，无法确定有无相似商标的情况下，需衡量自身的发展需要，如果能确定将来不会改变商标颜色使用，则可牺牲颜色的多样性，巩固商标的显著性；反之，则没有必要冒险去指定颜色。

## 汉字商标与拼音商标、外文商标如何判断近似

随着经济全球化的发展以及国家对知识产权的不断重视，中国品牌在世界的地位不断加强，商标及品牌受到了企业的广泛关注。基于商标的地域性、复杂性、构成元素多样化，中国普通群众和不少企业在国际商标的注册过程中对商标的近似不甚了解，难免遭遇商标近似而被驳回的窘境。特别是在汉字商标、拼音商标、外文商标的近似区别上充满疑虑，以致在后期给企业发展运营带来不少麻烦。

为了帮助企业在注册商标的过程中有效区别，根据商标局于2001年颁布的《关于拼音商标与汉字商标近似判决的标准》，现就汉字商标、拼音商标、外文商标的近似判断梳理如下。

### 1. 汉字商标与拼音商标互不近似

拼音主要系推广普通话，为汉字注音的符号，不同的注音对应的汉字不同，故汉字对应的拼音两者申请为商标时并不互相冲突，可以得到注册。如在先申请的"Tianhe"与后申请的"天河"两者申请在同一商品上不会引起混淆，可以同时得到核准注册。

### 2. 不同汉字商标加相同拼音商标互不近似

基于前述分析，汉字商标与拼音商标互不排斥注册，当拼音相同对应的汉字不同时，鉴于汉字是普遍认可的主体识别部分，因此不同的汉字加相同的拼音商标也互不排斥，两者互不近似可以得到注册。

如上述提及的"天河 tianhe"与"天鹤 tianhe"以及"攀达 panda"与"熊猫 panda"注册于同一商品上时并不会引起混淆，从而可以同时得到注册。

### 3. 汉字商标与相同汉字加拼音标注商标互为近似

因汉字是商标的主要识别部分，如果单一汉字商标与相同汉字商标加对应拼音商标共同出现，由于汉字商标相同，因此两者为相同或近似商标，且易被普通公众误认为是系列商标，来源于同一主体，故不予注册。如上文所提及的"天河 tianhe"与"天河"商标。

另外，值得注意的是，如果汉字商标相同，但后一商标拼音不同的，也为相同或近似商标，如"天鹤"与"天鹤 tianke"。

### 4. 拼音商标与近似的拼音商标判定为近似

当拼音商标单独出现时，显著部分就体现为商标的形与字母组合或组合的视觉效果。因此当拼音商标所近似的拼音商标出现时，如其在字母构成、组合、排序、视觉效果方面与拼音商标基本一致，判定为近似商标，后申请的不予注册。如上述提及的"tianhe"与"tianke"（或 tianne）判定为近似商标，易被认为是同一主体所提供的商品，故后者不予注册。

另外需要注意的是，当单一拼音商标与近似的英文商标共同出现时，也会判定为近似。仍以上述为例，"tianhe"与"tianne"商标构成近似，前者已申请的，后者不予注册。

#### 5. 英文商标仅在对应汉字翻译时判为相似

英文商标的显著部分为读音或者字母组合，因此除英文商标和汉字商标含义——对应关系时判定为近似外，通常情况下两者不近似。如著名的"TWITTER"与"推特"——对应时两者为近似，如panda（译为熊猫）与熊猫注册在同一种类商品上的，也判定为近似，不予核准注册。

以上分析及列举提醒我们，为了防止拼音商标的缺陷，注册拼音商标时切记要将汉字商标同时予以注册，以免为以后商标纠纷埋下隐患。

## 商标分类注册

注册商标时，有许多商品我们认为在同一类别，但其实并不在同一类别里，例如皮鞋与布鞋、饼干与糕点、毛巾与毛巾被等，这些分类可能与大家的常识相悖，所以会导致一些疏忽。如果只注册了其中一类商标，那么就会面临将来品牌有影响力后被别人抢注另一类商标而无能为力的局面，因为如果不是驰名商标是不可以跨类保护的。比如在常见的酒类中，啤酒和白酒就属于不同的类别。要知道"类似商品"和"类似服务"在商标注册、转让及其他问题中经常遇到。

为了给商标申请人节约一些商标注册成本和让注册商标获得全面的保护，我来为大家介绍一下商品和服务项目的选择技巧。

### 1. 明确企业经营范围，按图索骥选择商标分类

商标注册申请人首先要明确自己的商业模式和经营范围。通俗地讲，就是公司开展什么业务，靠什么盈利。明确好经营范围后，根据所确定的经营范围在 45 个商标分类中寻找相关联的类别。

比如你有一家奶茶店，想为其注册商标，查了国家知识产权局商标局[①]（以下简称商标局）网站后发现，商标分类的第 29 类、32 类里都有"奶茶"。不同的是，前者以奶为主，后者以非奶为主。遇到这种情况，你可能不知道自己的奶茶店商标应该选择哪一个类别。

所以，产品的性质会影响商标类别的选择，当两个类目都涉及的时候，为商标全面保护起见，就需要两个类目都注册。比如"天喔"奶茶，就把 29 类和 32 类里的奶茶都注册下来了。

由于是通过开奶茶店的方式经营，因此还涉及餐饮服务，建议将餐饮相关的商标类别比如 43 类也进行注册。

### 2. 与企业经营范围相近的商标分类申请商标

在企业经营范围对所属相关商标类别都申请了商标，就能高枕无忧了吗？答案是未必。

有许多商品和服务，我们常识里认为应该在同一商标分类，其实并不在同一类别里。比如，家电行业里的电热水器在第 11 类，洗衣机在第 7 类，电视摄像机在第 9 类。

---

[①] 商标局原隶属国家工商行政管理总局，2018 年 3 月调整到新组建的国家知识产权局。

正因如此，这些产品在申请商标时常会出现少注册类别的疏忽。青岛某啤酒厂商，起步时为自己产品注册了一个商标，经过几年辛苦经营，品牌在市场上渐成气候。由于该企业的商标只注册了啤酒类别，忽略了相似商标类别的保护，后来市面上出现与他家啤酒同名的白酒产品，这就是俗称的"傍名牌"。为保护自家商标，这家啤酒企业向商标局提起了商标异议，要求撤销对方商标。

啤酒和白酒这两种商品属于不同的商标分类，如果商家只注册了啤酒的商标，产品进入市场做大后，就很可能会在白酒里出现相同的商标。由于分属于不同商标类别，且该商标不属于驰名商标，要想通过商标异议来撤销类似商标，是非常困难的。所以，为商标全面保护起见，申请人在注册商标时，需要在与企业经营范围相近的所有商标分类都申请商标。

### 3. 选那些比较大的产品项目名称

如 1101 类群组下有灯、弧光灯、白炽灯、便携式探照灯、安全灯，这些灯都是灯的诸多种类而已，那么我们选择灯就可以了。在选择范围比较大的商品项目后，再根据主要经营商品对范围比较小的商品项目进行选择，从而实现用最小的成本达到最大保护的效果。

因为商标的分类细致，小类别众多，类似商品的划分需要一些经验去判断，所以商标的检索注册是一件非常麻烦且专业的事情，建议咨询专业的知识产权代理人。

## 商标全类注册

众所周知，注册商标需要按照《类似商品与服务区分表》进行，根据自己所生产的商品或提供的服务在相应商品/服务的类别上注册。

一个大类上注册一个标志计为一个商标。而《类似商品与服务区分表》目前有45个大类，所以在45个大类注册同一个标志，则计为45个商标。这便是商标全类注册的含义了。

一般的注册商标只在其所在类别受到法律保护，如果他人在申请人未申请注册的其他类别注册相同或类似商标，是被法律所允许的。

因此所谓的全类保护便是指在全部45个类别都使商标受到保护，防止别人在任何一个大类上侵犯商标权。

## 商标全类注册的好处

### 1. 防止他人攀附自己的品牌价值

商标全类注册最直接的意义在于，一旦注册成功，其他任何人在任何类别注册相同或近似的商标都会很难。

而在他人未经同意使用时，还可以合法地要求其停止使用。

商标是品牌建设的基础，在45个类别上做好商标保护，一方面能防止自己的商标因为他人在其他类别注册了相同或近似商标而被淡化；另一方面也可以防止在自己的品牌做大做强后，被别有用心的人

"利用",在自己主要经营的商品或服务以外的类别进行注册,搭便车、打擦边球,攀附自己辛苦创造的品牌价值。

### 2. 塑造商标优势,保持品牌竞争力

商标作为品牌建设的基石,在一定程度上其实代表了企业形象和品牌价值。

能够把自己的品牌做好,当然是每家企业的梦想,但市场的公平竞争与之并不矛盾。所以很多时候,率先取得成功的是他人也很正常。

但如果不同行业的企业在不同的商品或服务类别上(比如他人做童车,而自己却生产儿童饮品)注册的商标与自己的商标相同或近似,一旦人家先崛起并不断强大,甚至超过自己品牌的知名度,这就构成一种巨大的威胁了。

因为这样不仅可能会导致自己的市场竞争力受损,甚至还可能沦为不明真相的消费者的笑话,认为自己在攀附他人的成功,从而影响企业形象和品牌价值。

所以,商标全类注册的重要意义,一方面是为提高消费者和不同行业的商家对自己企业的识别能力,另一方面也是在提高企业品牌的地位和在市场中的竞争力。

### 3. 获得比"驰名商标"更大的保护

按照《商标法》的相关规定,驰名商标其实并不仅仅是一个荣誉

概念，其性质更像是被侵权企业的一张盾牌。因为按照法律法规，可以根据驰名商标的驰名程度，获得不同程度的跨类保护。

比如海尔，因为驰名程度非常高，相关部门在对其开展跨类保护时就几乎涵盖了全类。

但这并不意味着驰名商标无条件就可受到全类保护，严格来说，只能说其可以获得不同程度的跨类保护。

而全类注册一旦成功，不论是否是驰名商标，获得的一定是实打实的全类保护，可以对任何未经同意将商标使用到其他类别商品或服务的行为进行维权。

### 4. 防止品牌价值被他人"破坏"

主要是指通过全类注册防止他人在性质冲突、用途冲突甚至会对自己的商品/服务产生不良影响的商品/服务种类上注册了相同名称的商标，从而使自己的商誉、品牌价值蒙受损失。

不得不承认的是，有些商品或服务的性质相互之间存在天然的"违和"，甚至是相互对立的，虽然行业不同，但在对立的商品或服务上使用了相同名称，总会给消费者心理上带来不适感，从而影响商品销售、服务推广。

比方说一家做食品的企业，其商标名称被他人用来注册成性用品或者卫生洁具，在这种情况下无论是自己的品牌后期做大，还是他人的品牌后期做大，留给自己的总是尴尬大于利益。

### 5. 为企业发展、品牌壮大"铺路"

企业的发展从长期来说往往具有不可预见性，很多现在看来已成规模的大企业、大集团，比如顶呱呱集团，在最开始起步时其实都只是从事专业性投资或提供单一产品/服务的企业。

但企业的发展轨迹一定是当其壮大到一定时期（20年、50年后），就极有可能利用自己的品牌效应走向多元化投资和发展路线。除了自己开展新型业态、开拓新市场外，还有可能参与其他产业的投资，这时全类注册商标的重要性就凸显出来了。

从这一点来说，全类注册商标一方面体现了企业具有很强的商标品牌意识和发展战略性，另一方面也是企业领导人的品牌观、发展观和做百年企业的事业心的表现。

## 哪些情况适合全类注册

（1）有经济能力的"豪企"。不管规模大小，只要资产支撑得住眼光，就愿意花钱也花得起钱做全类保护。

（2）有实力的，受公众关注程度高的企业。互联网时代带来了很多高科技型企业的高速发展。例如手机行业内迅速崛起的几家国产品牌，因为短期内受到极大关注，所以商标被抢注的情况就很多。在这种情况下，企业为了维护统一的形象，就有必要进行全类别注册。

（3）有长远规划的大中型企业。这类企业比一般小微企业有更长远的品牌观念，因此除了具备经济实力，还对企业的品牌规划与建设非常上心，对市场有强警觉心和高敏锐感，建立有自己的商标保护制度，并设有专人管理，自然可以在商标全类保护上进行投资。

（4）该商标是一个臆造词汇，显著性较强，出于保护创意的想法，不想自己之外其他任何人使用自己的创意，也可以考虑进行全类保护。

（5）该商标是一个原创的、显著性较强的美术作品，为了保护自己的创作心血，全类保护当然也是可以考虑的。不过，一般这样的作品，都会建议同时通过著作权进行保护。

总而言之，商标全类注册并非一种未经思考的行为或者某些人认为的"商标代理机构圈钱大法"。它能够被很多企业接受并实行，自然有其存在的意义。毕竟在这个同质化越来越严重的市场内，增强品牌商标凝聚力，突出品牌显著性，增强防御力，防止自己的商标权和品牌价值被淡化，是很多企业都要考虑的现实。

当然，商标全类注册不管是注册成本还是管理成本都对经济实力有所要求，出于经济因素对全类注册存有"畏难情绪"的小微企业，谨慎考虑也是应该的。

不过在此还是建议，必要的一些防御性多类别注册还是不要省，因为无论是多类注册还是全类注册，说到底不过是为了更好地"全面保护"。

## 注册商标后享有哪些权利

（1）使用权：商标注册人有权在其注册商标核准使用的商品和服务上使用该商标，在相关的商业活动中使用该商标。

（2）独占权：商标注册人对其注册商标享有排他性的独占权利，其他任何人不得在相同或类似商品或服务上擅自使用与注册商标相同或近似的商标。

（3）许可使用权：商标注册人有权依照法律规定，通过签订商标使用许可合同的形式，许可他人使用其注册商标。

（4）禁止权：对他人在相同或者类似的商品或服务上擅自使用与其注册商标相同或者近似的商标的行为，商标注册人有权予以制止。

（5）设立抵押权：商标注册人有权在经营活动中以其注册商标设立抵押。

（6）投资权：商标注册人有权根据法律规定，依照法定程序将其注册商标作为无形资产进行投资。

（7）转让权：商标注册人有权通过法定程序将其注册商标有偿或者无偿转让给他人。

（8）继承权：商标作为无形财产，可以依照财产继承顺序由其合法继承人继承。

## 商标许可使用权

这里主要讲一下上文提到的第 3 条即许可使用权。

商标注册人可以通过签订商标使用许可合同，许可他人使用其注册的商标。商标使用许可合同应当到商标局备案。

商标使用许可是根据《商标法》第四十三条规定："商标注册人可以通过签订商标使用许可合同，许可他人使用其注册商标。"也就是说，企业可以通过签订商标使用许可合同的方式，有偿使用他人的注册商标，也就是我们通常所说的授权使用。

经历了 2012 年的王老吉商标事件以后，商标使用许可备案的申报量急剧下降。现在基本上除了关联公司之外，很少再有商标许可。我觉得这可能跟王老吉案的判决结果及其产生的社会影响有关。大家都注意到了许可可能产生的负面影响，所以能不接受许可尽量不接受许可，尽量使用自己的品牌。

当然我们也不能忽视许可的重要作用，当我们在没有能力创立品牌或创新经营的时候，使用别人的品牌可以快速运营占领市场，快速盈利和快速成长，所以许可还是有可取之处的。

客户有时会咨询，如果使用许可不办理备案，会产生什么后果？《商标法》第四十三条对此有明确规定："商标使用许可未经备案不得对抗善意第三人。"这点原本是司法解释里的内容，现在已经直接被 2013 年修订的《商标法》所吸纳。

那么"善意第三人"到底包括哪些人？一般来说，善意第三人主要包括4种人：商标受让人；商标移转继受人；商标质权人；其他被许可人。

"许可备案"原来叫"许可合同备案"，去掉"合同"二字也是新《商标法》的新变化。"合同"二字的去掉意味着我们现在递交备案申请的时候，就不需要再递交商标使用许可合同，只需要递交商标使用许可备案的申请书、委托书和相关手续文件就可以了。商标使用许可合同往往涉及许可双方的经营情况、许可费用等商业秘密，现在申请人不再有这个担忧，可以放心大胆地提交许可备案申请了。

## 注册商标的好处

（1）便于消费者认牌购物，为创名牌打下基础。

（2）商标注册证是商品获准进入市场销售的凭证。

（3）提高产品的知名度，树立品牌形象。

（4）商标注册人拥有商标专用权，受法律保护，别人不敢仿冒，否则就可以告其侵权，获得经济赔偿。相反，若被他人抢先注册，则必然失去自己精心策划苦心经营的市场。

（5）为申请商标做准备。

（6）有助于打开国际市场。

（7）商标是一种无形资产，可对其价格进行评估，可以通过转让、许可或质押来实现其价值。

（8）增强顾客对产品或服务的信心。

（9）商标是办理质检、卫检、条形码等的必要条件。

（10）一经注册，10年有效，且可无限期续展。

## 商标注册成功后就可以高枕无忧了吗

商标注册已经成为企业必须要走的一步。很多企业认为商标注册成功之后就可以高枕无忧了，其实并不是这样。俗话说，"打江山容易，守江山难"，这是有一定道理的！在商标注册之后需要注意以下几个方面的问题。

1. 要注意对商标的合理利用与适当宣传

《商标法》规定，商标注册成功之后，没有正当理由连续3年不使用的，任何单位或者个人都可以向商标局申请撤销注册商标。

2. 当企业名称或地址发生变更时要及时对其商标信息进行变更

《商标法》第四十九条规定，商标注册人在使用注册商标的过程中，自行改变注册商标、注册人名义、地址或者其他注册事项的，由地方工商行政管理部门责令限期改正；期满不改正的，由商标局撤销其注册商标。

3. 必须积极应对他方提出的商标争议申请

《商标法》规定，在商标注册申请期间、商标注册之后，都允许他人对商标注册提出异议，对注册商标有异议的，可以在一定期限内到商标评审委员会处申请复审或请求宣告无效。而商标评审委员会会在一定时间内通知商标注册当事人相关的情况，并限期提出答辩。当事人要注意，不能对该答辩通知不理不睬，商标评审委员会仅根据双方提供的证据来做出裁决，如果商标所有人不进行答辩，很可能会因为商标评审委员会根据对方的一方说辞而裁决该商标无效。

4．及时对即将到期的商标提出商标续展申请

《商标法》第四十条规定，注册商标有效期满，需要继续使用的，商标注册人应当在期满前12个月内按照规定办理续展手续；在此期间未能办理的，可以给予6个月的宽展期。每次续展注册的有效期为10年，自该商标上一届有效期满次日起计算。期满未办理续展手续的，注销其注册商标。

5．警惕他方恶意抢注行为

商标往往是在使用过程中获得价值不断提升的，这时企业要注意在与自己商标指定使用的商品或服务相关的产品或服务上申请注册，或者申请注册与自己商标容易造成混淆的商标，以防他方恶意抢注，对企业造成不必要的损失。如果发现了他方的恶意抢注行为，要及时在被抢注商标的公告期内提出异议申请，一旦错过了异议期，等别人取得了商标注册证书，再提出争议的难度将非常大。

## 商标注册蹭热点是否可取

现在是互联网时代,全民参与,内容输出和发表观点的门槛都降低了,人人都能既是媒体舆论者,也是话题传播者。每当社会产生热门话题时,无论是品牌商抑或创业者都会借势营销,发表自身意见来蹭一下热点,或者起一个有关热点的品牌名字,又或者注册一个相关商标,以达到热点流量引流,转化为自身产品销量的目的。

商标注册蹭热点最有代表性的一个例子是,河北保定府酒业有限公司借"雄安特曲"蹭"雄安新区"的热潮,为自己的酒业带来了巨大的流量。

2017年4月1日,中共中央、国务院决定设立的国家级新区"雄安新区",定位为二类大城市。这是继深圳经济特区和上海浦东新区之后又一具有全国意义的新区,是一件国家大事。

相应地,这件国家大事也引起了舆论的巨大风潮。根据大数据平台统计,在4月1日0时至4月26日24时期间,全网关于雄安新区的相关信息量共达250.6万条。

河北保定府酒业有限公司看中新区建立的强大流量,当即就去商标局申请注册"雄安特曲"这个与"雄安新区"十分扣题的商标,利用高度的社会关注度为自己的产品创造相关性,借助大事件的名气注册自己品牌,快速提高自己的知名度,从而达到快速引爆市场的目的。

2017年4月1日雄安新区获批成立,同年6月19日雄安特曲就上市发布了,期间只有80天时间。河北保定府酒业有限公司正是紧紧抓住了舆论的风向,为自己的酒制造"噪点"。

6月,雄安特曲正式上市,第一轮招商结束后,仅仅37天,签约金额高达1.2亿元!

随后,开启第二轮招商,京津冀为主导,辐射全国市场,同步组建300~500人的营销团队。

从"雄安特曲"的例子中可以看出,创业者在注册商标时,适当借力,根据时事热点来为自己的产品起一个好名字,根据民众熟知度、接受度去设计商标,这是一个非常好的方向。

但是,商标注册完全依赖"蹭热点""蹭名气"值得学习吗?个人以为,蹭热点、蹭名气是把双刃剑:一方面可以借势营销,增加知名度,开拓市场;另一方面,存在投机取巧之嫌,品牌是否能长久经营是个问题,一着不慎可能满盘皆输,所以蹭热点也需谨慎。

## 案例分享

### 案例一:"千纸鹤"只重视文字商标造成的失误

泉州市千纸鹤服饰制衣有限公司创办于2003年。作为创始人的庄晓阳,在初创品牌"千纸鹤"时,特别钟情于"千纸鹤"所代表的意义。据说,千纸鹤能给人们带来幸福和好运,每一个都承载着一点祝愿,最终成为一个愿望;而每一个愿望,都有着千纸鹤的祝福。

1995年,庄晓阳对品牌第一时间进行了注册保护。由于当时《商标法》刚确立没几年,人们的商标意识不强,庄晓阳第一次注册商标只把注意力放在了文字商标上,只注册了文字商标"千纸鹤"的一个类别——25类服装鞋帽。

直至2003年,图形商标开始流行,庄晓阳才意识到"千纸鹤"品牌还缺乏最典型的宣传形象。千纸鹤本就是与折叠纸鹤相关联的文化形象,文字跟形象应该是一体化的,于是他开始着手注册图形千纸鹤商标。但是他第一次注册就被驳回复审了,后来他找到我表哥的商标事务所,咨询是否能再次注册。

当时,我正在表哥的商标事务所学习,就跟进了这一项目。据我们查询,千纸鹤图形商标已经被重庆一家企业注册了。所以,注册已经不可能,只能通过购买的方式拿回商标,我们在和庄晓阳商量后决定亲赴重庆谈判,希望能买回千纸鹤图形商标。

我们通过渠道联系到商标持有人,持有人同意转让但是给出的价格很高,这就需要双方谈判解决了。我和表哥从东南跑到了西

千纸鹤商标

南，现场为商标持有人的商标做了价值评估：一方面单独的图形商标不好做推广；另一方面该商标只是注册成功，但没有宣传价值，需要后期持续地投入才能提升价值，因此目前来看根本不值50多万元。最终商标持有人认可了这种说法，同意以10万元的价格卖出商标。这样我们以较为合理的价格买回了"千纸鹤"商标。

后来，庄晓阳成了我表哥的事务所的专属客户，我们从2003年到2017年持续为他提供了一系列商标服务，包括"千纸鹤"全类别注册和几次商标续展服务。

在此我要说明，在经济高速发展的今天，商标作为品牌宣传不可或缺的一部分，越来越体现出举足轻重的地位。不同的品牌所含的商标价值不同，文字商标、图形商标、字母商标单独运用还是组合运用，都能产生不同的效应，现在又有了气味商标、音响商标、颜色组合商标等。到底怎么组合被驳回的风险更大，怎么注册宣传的价值更高，还是需要通过专业分析才能最终确定。

### 案例二："金骏眉"商标的悲哀

喜欢喝茶的人几乎没有人不知道"金骏眉"。"金骏眉"并不是历史固有的名茶，它诞生于2005年，非常年轻。简而言之，金骏眉就是福建红茶正山小种中的极品。该茶是采用创新工艺研发的高端红茶，它的诞生填补了国内市场无高端红茶的空白，并带动了中国红茶的复兴。

江元勋，正山小种红茶第24代传人，20世纪90年代跟随傅老厂长创办了集体所有制企业——桐木茶厂。那个年代，正山小种红茶算不上有档次，卖不出高价钱。抱着"复兴福建红茶"梦想的他，放下了"铁饭碗"，创办了自己的公司：正山公司，并开始精制正山小种茶。

梁骏德，金骏眉第一批试制茶师，正山小种传人。梁师傅原来也是桐木茶厂的老员工，2001年跳槽来到了江元勋的正山公司。

江元勋与梁骏德强强联手，采集了纯芽头茶，借鉴正山小种的工艺，试做了第一批高级红茶。拿给北京朋友品尝后，滋味甘甜鲜爽，妙不可言。北京的朋友说，既然是骏德师傅制作的，茶叶又似眉形，不如就叫"金骏眉"吧！

这场试验，改写了红茶市场的历史。正山公司第一年制作的"金骏眉"，收购价就达到了3000多元，那时的正山小种红茶能卖到上百元就已经很不容易了。"金骏眉"一炮而红，打破了红茶低端产品的魔咒，成为茶市新星，价格不断走高。

品牌红了，也就大众化了。一时间，各家红茶企业都开始将自家的红茶挂上"金骏眉"的牌子。而把问题推向风口浪尖的，是江元勋和梁骏德的老东家——桐木茶厂。

2007年，桐木公司（原桐木茶厂）向商标局提出注册商标的申请，想把"金骏眉"注册成自己公司的商标，获取独占专用的地位。江元勋这才意识到问题的严重性，他与老梁呕心沥血发明的"金骏眉"即将落入他人囊中！于是，他也同样提出了商标申请。

2009年，商标局驳回了两家公司的申请，理由是：近年来金骏眉已经在市场广泛出现，是一种通用红茶品种名称，不能注册为商标。

商标局驳回正山茶业有限公司的申请

在这里我们先要说两个概念。

（1）通用名称，是指在某一范围内约定俗成、被普遍使用的一种商品（服务）名称。例如"二锅头"，它是指第二锅烧制的"锅头"酒，所有厂家都可以使用。《商标法》规定，通用名称不得作为商标注册。

（2）注册商标，是经商标局核准注册的、具有识别性的显著标志，受法律保护，随之而来的是"商标专有权"，即其他人不得使用或仿效。例如"红星二锅头"的"红星"就是注册商标，除了它的持有人——北京红星股份有限公司（以及它授权的单位）以外，其他人擅自使用"红星二锅头"便是侵权。

江元勋没有放弃自己的努力。他继续向商标局提出复审，理由是：金骏眉并非通用名称，任何历史书、植物学书上都没记载过，金骏眉确确实实是江元勋带领着正山公司独创的。

这点似乎打动了商标评审委，改变了他们的想法，做出了核准注册的决定。就在正山公司即将获得"金骏眉"商标专有权的前夜，桐木公司向法院提起行政诉讼，要求推翻商标评审委的核准注册决定。

桐木公司提出的理由，竟是他曾经被驳回的那个理由：金骏眉是通用名称，不能作为商标注册。

旷日持久的诉讼战展开，桐木公司、正山公司双方都聘请了顶级律师团，在法庭上拼尽了全力。整个茶界都在翘首企盼这场诉讼的结果：判决将影响整个茶界的格局。如商标核准未被推翻，则江元勋享有"金骏眉"带来的全部利益；如商标核准被推翻，则全国茶人分享"金骏眉"的价值。

2013年，判决落地，正如前文述说，金骏眉成为通用名称。法院认为，正山公司提起商标核准之时，金骏眉已经作为一种红茶商品名称被公众所识别和对待，成为约定俗称的通用名称。

全国茶企捡了大便宜——"金骏眉"可以自由使用，高价红茶的红利大家一起分享。江元勋除了悔恨交加外别无他法，大好的品牌本该是私有物，却因为不知道提前注册商标而变成了共有财产。

一般情况下，商标成为通用名称是指在商标注册后，商标使用过程中因各种原因使得商标的显著度逐渐降低甚至失去显著性，从而退化为商品通用名称，这种情况多发于化工、医药、电子、机械等行业，尤其是企业在给自己的新技术、新产品命名时。所以，为了避免灾难，重视商标保护策略、提前注册商标非常重要！

# 第 7 章

# 商标国际注册问题

## 注册国际商标的注意事项

### 1. 注册国际商标需要的资料

需要准备营业执照复印件、商标注册申请书、商标代理委托书、商标 LOGO 等相关资料。

### 2. 注册国际商标的流程

商标提交后，进入形式审查，审查员会核实申请材料，核实正常后，商标给予受理。然后进入实质审查阶段，审查员进一步核实商标是否有与他人相同或者近似的可能性，通过后商标将进入公告期间，公告期 3 个月，公告期间没有人异议或者异议不成立，商标就注册成功了。

### 3. 注册国际商标的时间

在不同国家注册，注册时间会有所差异。整体来说，国际商标注册比国内注册更快，受理回执基本上 1~7 个工作日下发，证书是 6~12 个月下发。

## 国际商标在中国是否可以使用

在国外注册的商标可以在国内使用，但是不受国内法律的保护。所以，当国外的品牌进入其他国家市场的时候都需要进行海外商标注册，这样才能获得商标专用权，受进入国的商标法保护。有很多国外的品牌因为没有海外商标保护意识，导致很多商标被抢注，被告商标侵权，最后投入漫长的时间和巨额费用将商标高价购回。

商标注册保护的地域性决定了商标想在我国国内使用并且受到法律保护，那就必须在国内注册。

## 注册国际商标的 3 个选择

中国企业走出国门，拓展海外市场之前都会先在国外注册商标，进行知识产权布局。海外注册商标有 3 个选择：第一个选择是向单一国家提交注册资料。这种注册方式比较单一且可推行的也只有当前注册国家，可供选择的面比较窄，对于品牌的保护程度也比较低。所以一般不推荐大家使用单一国家注册，除非你的产品有地域性的要求和一些其他方面的约束。除此之外还有其他两种方式可以注册：国际商标注册（马德里商标注册）、欧盟商标注册。而这两种商标注册方式完全不同，可以说是各有利弊。

**国际商标注册和欧盟商标注册的区别**

1. 商标定义和商标保护范围不同

国际商标注册就是在马德里联盟成员国中所进行的商标注册，俗称马德里国际注册。马德里体系是针对全球商标注册和管理的解决方案，既方便又划算。只需提交一份申请，缴纳一组费用，便可在多达118个国家申请保护（2018年年底数据）。通过一个集中化的系统，就可变更、续展或扩展全球商标。

欧盟商标原称共同体商标，2016年正式改为欧盟商标（EUTM）。申请人既可以单一注册，也可以申请注册欧盟商标覆盖的成员国。欧盟商标截至2018年年底只有28个成员国，未来会延伸到加入的国家，覆盖范围相对较少。

马德里商标的覆盖地域范围显然比欧盟商标大很多。

2. 对商标申请人资格的限制不同

马德里商标申请人必须是下属成员国的企业实体、个人或其他组织，且必须要以原属国已经申请或注册商标为基础，向世界知识产权组织提起申请，比如说中国想要在马德里注册商标，就必须先在国内取得国家认可的商标注册证书或者商标授权书才能申请马德里商标。

欧盟商标注册基本上没有限制，任何人都可以提交申请，只要符合欧盟相关商标注册条件就能注册使用。

### 3. 商标审查内容不同

马德里商标会根据各个成员国的商标法进行审查，大多数成员国既审查其可注册性，又审查其是否与已注册商标相同或近似商标冲突。

欧盟商标只会审核商标申请材料可否注册，不审查商标的雷同和近似。

### 4. 商标注册时长及商标有效期不同

马德里商标：申请商标的注册时长取决于各国的不同立法规定，多数国家所需时间可达 18 个月之久。注册商标有效期从国际申请日起 10 年，但前提是在原属国申请或注册的基础商标在国际申请之日起前 5 年内必须有效。且更多限制条件取决于各成员国国内法规定，如美国、菲律宾等，须在注册日起一定时间内提交使用证明。

欧盟商标：平均 8 个月就可以完成注册，近期商标注册时间已缩短到 5 个月。注册商标有效期从申请之日起 10 年，并无其他限制条件。

### 5. 商标转让生效性不同

马德里商标：转让只在指定成员国境内生效。

欧盟商标：转让后在所有欧盟成员国境内同时生效。

综上所述，马德里注册商标受保护地域范围广，一份申请可以指定全部成员国，申请费用相对于单一国家申请较低，因此在全球使用范围非常广泛。但是马德里商标的各国审查标准不一，从申请到注册时间较长，这也是不可否认的短板。而欧盟商标申请流程较为简单方便，所需时间较短，也比较受商标申请人的欢迎。企业在选择商标注册途径时，最好还是结合企业属性和业务发展方向综合考虑。

## 申请注册国际商标该如何选择商标代理公司

对于国际商标注册，其成功与否在很大程度上取决于国际商标注册代理公司的选择。那企业在注册国际商标的时候，应该如何选择商标注册代理公司呢？

### 1. 排除法

"国际商标注册成功率100%"，需要注册国际商标的人看到这句话是不是心动了呢？但是，这种说法是不恰当的。商标注册中存在着相同或近似商标的查询盲区、近似商标判断的存在主观性、商标公告的异议期的变数等情况，这些因素都决定了商标注册成功率不可能是100%。所以企业如果碰到这样宣传的商标注册代理公司，可以直接将它排除掉。

### 2. 对比法

无论是国际商标注册，还是国内商标注册，都需要一定的费用，但是各个商标注册代理公司的收费又千差万别，到底谁才可信呢？究竟选择低价，还是高价，或者折中选择呢？其实可以让这些商标注册代理公司明确罗列收费的项目。这样将几家公司的收费明细对比后，不仅立马就能知道基本的价格范围，而且还能避免误入低价的陷阱。

### 3. 看资格

通过排除法、对比法后，企业可能获得几个中意的商标注册代理公司。但是这还不够，因为有些商标注册代理公司根本没有代理国际商标注册的资格，如果企业将商标委托给它们，结果可想而知。所以，在委托商标注册代理公司的时候，一定要事先看看它们是否具有代理资格。

## 知识产权的国际保护基本原则

### 1. 国民待遇原则

《巴黎公约》规定，在工业产权保护方面，公约各成员国必须在法律上给予公约其他成员国等同于其本国国民的待遇，即使是非成员国国民，只要他在公约某一成员国内有住所，或有真实有效的工商营业所，亦应给予相同于本国国民的待遇。

### 2. 优先权原则

《巴黎公约》规定，凡在一个缔约国申请注册的商标，可以享受自初次申请之日起为期6个月的优先权。即在这6个月的优先权期限内，如申请人再向其他成员国提出同样的申请，其后来申请的日期可视同首次申请的日期。优先权的作用在于保护首次申请人，使他在向其他成员国提出同样的注册申请时，不至于两次申请日期的差异而被第三者钻空子抢先申请注册。

发明、实用新型和工业品外观设计的专利申请人从首次向成员国之一提出申请之日起，可以在一定期限内（发明和实用新型为12个月，工业品外观设计为6个月）以同一发明向其他成员国提出申请，而以第一次申请的日期为以后提出申请的日期。其条件是，申请人必须在成员国之一完成了第一次合格的申请，而且第一次申请的内容与日后向其他成员国所提出的专利申请的内容必须完全相同。

### 3. 独立性原则

《巴黎公约》规定，申请和注册商标的条件，由每个成员国的本国法律决定，各自独立。对成员国国民所提出的商标注册申请，不能以申请人未在其本国申请、注册或续展为由而加以拒绝或使其注册失效。在一个成员国正式注册的商标与在其他成员国注册的商标无关。

这就是说，商标在一成员国取得注册之后，就独立于原商标，即使原注册国已将该商标予以撤销，或因其未办理续展手续而无效，都不影响它在其他成员国所受到的保护。

同一发明在不同国家所获得的专利权彼此无关，即各成员国独立地按本国的法律规定给予或拒绝，或撤销，或终止某项发明专利权，不受其他成员国对该专利权处理的影响。

这就是说，已经在一成员国取得专利权的发明，在另一成员国不一定能获得；反之，在一成员国遭到拒绝的专利申请，在另一成员国则不一定遭到拒绝。

### 4. 强制许可专利原则

《巴黎公约》规定，各成员国可以采取立法措施，规定在一定条件下可以核准强制许可，以防止专利权人可能对专利权的滥用。某一项专利自申请日起的 4 年期间，或者自批准专利日起 3 年期内（两者以期限较长者为准），专利权人未予实施或未充分实施，有关成员国有权采取立法措施，核准强制许可证，允许第三者实施此项专利。如在第一次核准强制许可特许满 2 年后，仍不能防止赋予专利权而产生的流弊，可以提出撤销专利的程序。《巴黎公约》还规定了强制许可不得专有、不得转让；但如果连同使用这种许可的那部分企业或牌号一起转让,则是允许的。

## 案例分享

### 案例一:瘦身女王"郑多燕"商标跨国维权

说起郑多燕,大家都不陌生。作为韩国的健身女皇和网红辣妈,她自己研发的健身操风靡全亚洲。

**一旦出名,就躲不过商标恶意注册**

因为郑多燕塑身操大火,在中国,很多厂家利用"郑多燕"的知名度注册品牌商标甚至抢用商标,打着她的旗号售卖瘦身产品,如减肥茶、减肥饮料等。其中有一种名为"郑多燕XX营养晚餐"的产品的广告铺天盖地,吸引了许多需要减肥的爱美人士。

然而郑多燕本人却毫不知情,自己在中国竟然经营了一家瘦身产品公司。

面对如此猖狂的侵权事件,郑多燕千里迢迢从韩国来到中国寻求品牌保护策略。

**"亡羊补牢"为时未晚**

郑多燕想要维权必须有商标,于是她马上向我国商标局提交注册申请,结果发现"郑多燕"这一中文商标已于多年前就被广东一家从事减肥瘦身的同行公司抢注。

2015年6月，郑多燕委托我国一家公司找到了我。通过初期的摸底，我觉得郑多燕拿回商标的可能性还是挺大的，于是提出维权两大步骤：

第一，就广州XX贸易公司抢注的"郑多燕"商标，以诉争商标的注册申请侵犯郑多燕姓名权为由，向商标评审委员会提出无效宣告申请。

第二，我要求郑多燕团队大量搜集数据和材料，包括在我国使用名称的证据。

因为准备的证据充分，我们以绝对优势胜出，充分证明了广州XX贸易公司为恶意抢注商标，误导消费者和滥用姓名权的事实。最后商标局商标评审委员会裁定，把抢注人的商标予以驳回，郑多燕顺利拿回了属于自己的商标。

郑多燕商标

### 跨国注册商标需谨慎

因为郑多燕是名人，本案例造成的社会影响力很大。我在从事商标的 20 年历程中所见所知类似案例不计其数，在此还是要提醒各位创业者，抢注名人作为商标，虽然能够为企业带来一时的流量，但并非长久之计，毕竟一个企业的发展是与产品和服务挂钩的。

追星不分国界，但是商标注册有国界。跨国注册商标更是存在诸多隐患，在注册之前一定要明确商标注册的风险。无论是中国企业"走出去"，还是外国企业"走进来"，要想避免被侵权，首先应该提前进行全球商标保护，对于可能或者将要去经营的国家，及时了解该国法律，进行商标注册保护，以防范自己的商标被"抢注"。其次应跟进不同国度的法律，进行相应的注册保护策略，因为每个国家的法律不同，故需要一一了解，然后确定不同的策略。此外，做好相应的证据保存以及专业代理机构的选择，为维权做好准备。

### 案例二：New Balance 再度折戟中文商标

2004 年，周某买下了一个注册于 1996 年、名为"百伦"的商标，随后又注册了包括"新百伦"在内的一系列联合商标，并在 2008 年拿到"新百伦"商标的批准。而早年曾以"纽巴伦"为名在国内进行宣传的 New Balance，因为其 2006 年成立的上海公司名为新百伦，便开始使用"新百伦"作为中文名，于是拥有中文商标的企业向广州中院提起侵权诉讼。

广州市中级人民法院对这起商标权纠纷案做出一审判决。该院认为，美国 New Balance 公司在中国的关联公司——新百伦贸易（中国）有限公司因使用他人已注册商标"新百伦"，构成对他人商标专用权的侵犯，须赔偿对方 9800 万元。这是外资企业在华迄今为止赔偿金额最大的商标侵权案。

此案例再次警醒我们，许多外企进入我国市场之前不看好市场前景，疏忽了中文商标权。尽管许多外企在我国已打出知名度，也有了中文符号，但在已存在的注册商标面前，外企往往因为"理亏"而更名换姓。

此外，外企进入我国后使用的中文符号确实无人注册，但在打出品牌知名度后才发现已被他人先行注册。外企如果想拿回中文符号使用权，必须要证明其是该中文符号的最先使用者，但证明过程往往比较艰难。

因此，外国品牌若是想进军我国市场，必须先注册英文商标，再将中文拼音、中文、LOGO 图形都注册完毕才能确保不遭受抢注的风险。无论是国企还是外企，在拓展市场之前必须先做好知识产权布局的工作，以防遭受竞争对手的狙击！

## 案例三：海信 Hisense 在德被抢注

德国博世西门子公司总部设在德国，创建于 1967 年。1999 年 1 月，德国博西公司在德国申请注册 Hisense 商标，指定使用在第 7、9、11 类的商品上，同年 2 月 25 日获得注册。随后该公司申请了马德里商标国际注册和欧共体商标注册，并且要求优先权。这令中国海信公司在欧洲的商标注册全面受阻。2004 年 9 月，海信在欧洲被迫启用新商标 HSense。

2004 年 10 月，德国博西公司派江苏博西家用电器销售有限公司副总裁为代表与海信公司谈判。来自海信公司的消息称，江苏博西公司最初曾同意将注册在蓝色电器上的 Hisense 商标转让给海信公司，但是索价 4000 万欧元；与此同时，海信公司收到德国博西公司在德国法院起诉的诉状，由于双方意见不一致，不欢而散。

随后，海信启动法律程序起诉至德国商标局，要求依法撤销德国博西公司注册的 HiSense 商标。由于西门子集团介入，2005 年 3 月 6 日，海信公司与德国博西公司达成和解协议。据报道，最终海信公司回购商标的价格为 50 万欧元。

我认为，注册后既不真正作为商标使用，更不精心进行品牌培植，而只是漫天要价，恶意抢注商业目的非常明确。海外恶意商标抢注我国的知名商标，不仅是对我国品牌国际化的障碍，更是对现代国际市场竞争秩序的严重威胁。

我国企业正在越来越多的场合面临国际竞争对手的打压，知识产权、技术标准、反倾销等已经成为新贸易保护主义的常规手段。我们必须从理论上认识清楚，从实践上采取有效的法律措施，绝不能让这种不正当的商业行为横行于世。

# 第 8 章

# 商标抢注问题

## 什么是商标抢注

"品牌之路,商标先行"已成为创业者的基本标配。

但是,在我十几年的从业经历中,发现仍有很多创业者和初创公司由于缺乏知识产权保护意识,或者是吝于金钱投入,意识到注册商标的重要性时,却发现商标已被他人抢注,自己即将面临恶意敲诈、修改品牌,甚至被告侵权的局面。

商标抢注有狭义和广义之分。狭义的商标抢注,是指抢在原商标所有者之前注册该商标;广义的商标抢注,既可包括以上情形,还包括抢注他人著名公司名称或其他在社会上有一定声誉的名称为自己的商标。

随着市场经济的发展,国内企业之间也出现了"商标抢注战"。不少企业因商标注册意识淡薄,未能及时将自己的商标申请注册,致使自己已走红的牌子被人抢注,给自己造成经济损失。

《商标法》对恶意抢注行为亮起了红灯。根据《商标法》第二十七条及《中华人民共和国商标法实施细则》(以下简称《商标法实施细则》)第二十五条的规定，以欺骗手段或其他不正当手段取得注册的行为是不正当注册行为，任何单位或个人都可以向商标评审委员会提出申请，如果申请理由成立则应撤销注册不当商标。《商标法实施细则》中所列举的商标不当注册主要有3种：一是违反诚信原则，以复制、模仿、翻译等方法，将他人已为公众熟知的商标进行注册；二是侵犯他人合法在先权利进行注册；三是以其他不正当手段取得注册。

## 商标为什么会被抢注

知识产权在我们日常生活中越来越受重视，但是我们常常会面临商标被抢注的问题。那么，商标为什么会被抢注呢？

商标的评估价值能够增加企业的总资产额，作为无形资产，可以通过转让、许可他人使用，或者质押来转换实现品牌价值。也正因商标对一个企业发展的重要性，所以知名商标常常会面临被抢注的问题。商标被抢注的原因有很多，如对商标权相关知识的匮乏、对自己的商标保护不全面、一些人或者企业趁机抢注优质商标、为谋一己之私等。

同时，商标抢注也是《商标法》规定的"申请在先"原则不可避免的产物。《商标法》确立的申请在先原则一方面可以简单明了地明确商标权的归属，但就是因为标准过于单一导致了商标抢注行为的滋生。任何法律都是经过思考和权衡后做出的一种选择，法律永远无法达到完美境界，无形资产的创造与知识产权的获得两者之间的分离，就是申请在先原则的先天不足。

## 防止抢注的措施有哪些

（1）尽早进行商标注册。对公司形成和使用的所有商标根据《商标法》及时注册，使其成为受国家法律保护的注册商标，以保护商标的专用权。在国内进行保护的同时，还要注意国际商标注册保护，防止出现商标被抢注而出现的侵权纠纷。

（2）商标设计要尽量使商标具有显著性，要与众不同、特色鲜明，让消费者一目了然，过目不忘。如果一味去模仿别人的商标，不仅可能会侵犯他人的在先权利，还会毁掉自己的信誉。

（3）要战略性进行商标注册。把自己的商标连同其他图案文字形似音同的都作为商标注册完，防止其他企业用来做文章。

（4）全类注册。为了防止他人在不同类别的商品上使用其相同或近似的商标，可以在与该商标类似或非类似商品类别将其商标分别进行防御注册，以有效地防止该商标的商标权遭受侵害。

（5）企业创立初期，可以考虑将字号与商标同步，有效防止他人商标抢注；企业如果已步入正轨，必要时可以将企业字号改为现有商标名称。

（6）密切关注国家注册商标动态，进行商标监测。企业有了注册商标后，应密切关注商标局颁布的每一期《商标公告》，如有发现与自己的注册商标相同或近似的商标被商标局初步审定公告时，可及时向商标局提出异议，以免自己的商标权遭受侵害。

（7）如发现假冒、侵权行为，应及时处理。如发现自己的商标遭受侵害时，可以向县级以上工商行政管理部门投诉，请求处理，也可直接向人民法院提起诉讼。为了迅速、有效地制止、查处商标侵权行为，公司管理部门应向受理机关提交投诉书或起诉书，同时提供被侵害人的商标注册证复印件、侵权商标的图样、包装、发票、实物等有关侵权的证据。投诉书或起诉书中要载明被侵权人的全称、住所、注册商标名称及图样、商标注册证明、商标销售情况、侵权发生地、侵权事实、请求处理的要求等内容，配合执法部门迅速、有效地制止、查处商标侵权行为。

值得注意的是，**注册商标有效期为 10 年**，有效期满后，商标权人需要继续使用，应当及时办理续展手续，否则该注册商标会被注销，商标权利人则可能失去该商标的使用权。

### 中国企业商标为何老被抢注

商标被抢注，一直是很多中国企业挥之不去的梦魇。这样的例子比比皆是，请看：格力电器公司的格力商标在巴西被抢注；新科、康佳、德赛等商标在俄罗斯被一家公司抢注;大宝商标在美国、英国、荷兰、比利时被抢注;龙井茶、碧螺春、大红袍、信阳毛尖等多个茶叶品牌在韩国被同一茶商注册为商标;红星二锅头在瑞典、爱尔兰、新西兰、英国等国被一家英国公司抢注;红塔山、阿诗玛、云烟、红梅等香烟商标被一名菲律宾商人抢注;大白兔奶糖商标在日本、菲律宾、印度尼西亚、美国和英国被抢注。

商标抢注,关键在于一个"抢"字。"抢"的精髓就在于时间上要提前,"抢"的诱惑就在于不需要什么技术含量。

中国企业的商标在国外被抢注可能产生三大后果:

一是被抢注商标的企业产品在销往当地时会遇到障碍,产品不能以原有商标进入,只能另换商标,这将对企业已有的无形资产造成损失,增加经营成本。最典型的事件就是联想更名为"Lenovo",由于联想原有英文标识"Legend"在国外被大量注册,不得已而更名为"Lenovo"。

二是抢注的公司可以合法地把自己的产品冠以"抢"来的中国商标,进入世界市场,挤压中国企业的市场开拓空间,将中国企业阻挡在该国市场外,或者形成贸易壁垒。

三是导致企业海外战略受阻。很多中国企业都制订了自己的海外战略,计划全方位进入国际市场,但是一旦商标被抢注,就可能失去先机。2004年7月,由于公司拥有的英文商标"Firefly"(萤火虫)被西门子下属公司欧司朗抢注,厦门节能灯企业东林公司进军欧洲市场时被德、英、法等国拒绝,因此失去了进入这18个国家的机会。

中国企业辛辛苦苦打下江山，却常常被别人坐享其成。中国企业的"大方"其实是一种"病"。这种"病"表现为四种症状。

### 1."因小失大"症

以"白家"为例，"白家"产品出口的国家和地区不少，但由于销售额比较少，为了节省注册商标所需的几千美元，在一些国家就忽视了商标注册，而是直接把产品交给代理商打理。出现问题后，诉讼费、律师费等都远远超过注册成本，是典型的因小失大。

### 2."商标短视"症

有的企业认为自己的商标知名度还不够，注册为时过早，想等出了名再注册；有的认为自己的商品不愁销路，无须注册；还有的认为办理商标国际注册手续繁、费用高，不愿到商品进口国去办理商标注册。在这种"商标短视"症作用下，大多数企业商标管理薄弱，忙于生产，疏忽了商标潜在的价值。

### 3."战略乏力"症

无战略危机是中国企业的一个通病，产生这一问题的直接原因是企业经营者的急功近利心理。有很多企业虽然拥有了注册商标，但是却不知道怎样制订和实施商标战略；还有些企业了解商标战略的重要性，却过度依赖商标战略，过犹不及。

### 4."危险游戏"症

企业的商标战略包括商标的设计、管理、注册、维护、推广等方面。但中国企业的着力点往往在商标的推广上，即容易片面追求商标的知名度，在广告投入上一掷千金，甚至为创造轰动一时的品牌效应，盲目投放巨资进行品牌宣传。这种"危险游戏"的后果往往是致命的，最典型的是中央电视台历年的广告标王的下场。

预防商标被抢注，最重要的一步，就是要先治好自己的"病"。同时，要未雨绸缪，制订商标战略；慧眼识贼，发现别有用心者，要及时用法律手段讨回公道。

## 什么是恶意抢注

恶意抢注指的是，以获利为目的，用不正当手段抢先注册他人在该领域或相关领域中已经使用并有一定影响的商标、域名或商号等权利的行为。

《商标法》第三十二条规定："不得以不正当手段抢先注册他人已经使用并有一定影响力的商标。"因此，恶意抢注就是申请人利用不合理或不合法的方式，将他人已经使用但尚未注册的商标以自己的名义向商标局申请注册的行为。

那么，是不是恶意，我们可以从哪些现象分析呢？

第一，是看他注册成功后是否是自己使用，即用在自己的产品上，这种产品是否和被抢注人的产品属同类或近似产品。

第二，是否对抢注人高价转让或高价许可使用该商标。

第三，是否直接控告被抢注人侵权，并提出赔偿请求。

我国建立的商标保护制度主要围绕的是注册商标，大家工作生活中接触最多的也是注册商标，这些都造成了一种误解，令大家以为只有经过注册的商标才能获得法律的保护。其实这样理解有些片面，《商标法》和《反不正当竞争法》中都有保护未注册商标的规定，只是其保护对象需要达到一定的标准。

条件有三：其一，被抢注的商标需有一定的知名度；其二，抢注商标采用了不正当的手段，而非符合常理的不知情情况下的注册；其三，需要在法定期限内提出商标被抢注的主张，否则相当于自动放弃自己的维权权利。《商标法》规定的救济期限是商标初步审定公告之日起30天的异议期及注册日之后的5年（恶意抢注他人驰名商标的情形不受5年期限限制）。

## 如何界定不正当手段

上文的第二点中指出如果申请人抢注商标采用了不正当手段，就可以确定是恶意抢注，那么哪些可以界定为不正当手段呢？

（1）申请人利用与他人同行的关系。中小型企业最容易成为被抢注的对象，因为中小型企业在市场推出自己的产品时，往往并不是先注册商标，更多的是在自己的产品有一定的影响力后才注册。所以，作为同行的申请人抢注商标容易取得成功。

（2）利用与他人曾经合作过的背景。作为合作者，他们是最清楚被抢注人的商标使用情况的，有的在合作期间，即偷偷地把合作者的商标注册为自己所有；有的则是在合作结束后，将合作者的商标抢先注册。

（3）同一区域内了解内情的其他人。利用其不同的条件和自有的优势，如管理者、法律顾问、记者、商标代理人等，进行新闻采访或进行管理等工作过程中了解到经营者商标使用的情况，并能了解到抢注该商标带来的利益而抢先注册。

## 遭遇恶意抢注如何维权

商标已经被抢注的情况下，该如何维权呢？

如果商标还没有注册完成，那么需要准备商标在先使用知名度、商标被恶意抢注的证明证据，在抢注商标的公告期内向商标局提出异议申请，递交证明。

若商标已经注册完成，则向商标评审委员会提出被抢注商标的无效宣告申请。同时，申请人和抢注人双方也可以通过协商解决，如果不愿协商或者协商不成，就可以走司法途径，依据《商标法》及《反不正当竞争法》的规定，就抢注行为向有关人民法院起诉。

企业商标注册就像行军打仗，需兵马未动粮草先行，早注册是防止被人抢注的最佳策略。

## 抢注商标维权的证据清单

以下证据既包括商标的使用及宣传证据，也包括商标在相关商品上的知名度证据。

（1）公司商标直接使用于指定商品上的证据。包括商品、包装、标签、合格证、吊牌等。

（2）公司商标所使用的商品的销售证据。包括印有商标的合同、发票、提货单、银行进账单、进出口凭据等。

（3）商标所使用的商品的销售区域范围、销售网点分布及销售渠道、方式的相关证据。包括与代理经销商、合作企业之间的合作协议，以及经销商、合作企业使用宣传公司商标的相关证据等。

（4）商标的广告宣传证据。包括广播、电影、电视、报纸、期刊、网络、户外等媒体广告、媒体评论及其他宣传活动的合同、发票及实际投放的广告照片、报刊复印件、电视网络截屏及其他广告宣传证据。

（5）商标所使用的商品参加展会的证据。包括展览会、博览会等宣传的邀请函、合同、发票、会刊、照片等。

（6）具有合格资质的评估机构就公司商标出具的无形资产价值评估报

告。包括对商标指定商品销售额、广告宣传费用进行的专项审计报告等。

（7）具有公信力的权威机构、行业协会公布或者出具的涉及公司商标所使用的商品/服务的销售额、利税额、产值的统计及其排名、广告额统计等。

（8）业内专业期刊及其他媒体对该商品、该行业内市场格局、排名情况中对公司企业及商标、商品好评的相关报道。

（9）商标的获奖情况。包括商标、商品获得的品牌知名度、行业排名、影响力等荣誉证书（如著名商标、驰名商标、名牌产品、免检产品、质检报告、认证证书等）。

（10）提供企业介绍、经营状况及知名度的相关证据材料。包括企业简介、宣传材料、各种荣誉证书、行业排名等。

提示：

（1）公司提供的商标知名度的证据，应显示该商标在我国境内使用和宣传的情况。

（2）商标使用和宣传的证据应尽量提交产生时间最早的，应体现出使用、宣传的连续性。

（3）合同证据应有发票等实际履行的证据予以佐证。发票最好能够与合同对应，不能对应的，提供数额较大或者能够体现商标及商品名称的发票。如合同和发票不能体现出商标，应提供对应类型和规格的商品的照片；商品照片应体现出商标。

（4）所有证据材料最好能够体现出商标、指定商品、公司企业名称、证据产生的时间。

## 案例分享

### 案例一：老工厂商标被恶意抢注

这个案例是我的一个客户。客户是一个做小型机床的加工厂的老板，该加工厂是从传统加工厂的模式经营到自动生产机床，前后做了十几年，因为有固定的客户源，商品不愁销路，生意一直红红火火。

但是，老板没有足够的品牌意识，生意场混久了，思想却相对守旧，10多年过去，老板从来没留意过商标这回事，所以一直都没有注册商标。

后来老板请了一个办公室主任来管理生产车间，主任在工厂工作期间对工厂的基本流程都非常熟悉。在他得知老板并未对其商标进行注册后，在任职期间偷偷去把牌子的商标注册了，离职后反过来告厂里侵犯了商标权。

因为朋友搭桥牵线，厂长找到了我，后经过我的协调，最终以10万元钱从原办公室主任的手里买回了商标。

所以，对于创业者来说，一定要快速把自己的品牌保护好。我们不注册好自己的商标，也可能变相地"侵犯"别人的商标权利。

### 案例二:"王致和"海外遭抢注,老字号海外维权路

"王致和"老字号与"同仁堂"同龄,均创于清康熙八年(1669年),至今已有350年历史。清朝时曾进入宫廷御膳房,并被慈禧太后赐予"御青方"的称号。

2006年7月,王致和集团拟在30多个国家进行商标注册时,发现"王致和"腐乳、调味品、销售服务三类商标,已被一家名叫欧凯的德籍公司于2006年3月在德国注册。而欧凯公司申请的商标标识与王致和集团产品使用的商标标识一模一样。欧凯公司是柏林一家主要经营中国商品的超市,其员工全部是华人。调查发现,欧凯公司还曾抢注过"白家""洽洽""老干妈""今麦郎"等众多知名商标。同年8月,王致和的代理律师向欧凯公司发出律师函。随后,王致和公司接到欧凯公司运营商中咨货运公司的电话,称想要拿回商标,必须付出一定代价。2007年年初,王致和向慕尼黑地方法院提起诉讼,要求判定欧凯公司无偿归还商标并予以赔偿。

2009年4月23日,慕尼黑高等法院对王致和诉欧凯公司商标侵权及不正当竞争一案做出终审判决:欧凯公司不得擅自使用王致和商标,否则将对其处以25万欧元的罚款或对其主要负责人处以6个月

王致和商标

监禁；欧凯公司应注销其抢注的"王致和"商标。至此，备受关注的王致和诉德国欧凯恶意抢注商标案，经过两年三个月的讼争，最终以"王致和"商标物归原主画上了圆满的句号。

此案号称"中国知识产权跨国维权第一案"。这是中国加入世贸组织后第一起中国企业在国外以原告身份进行的商标诉讼案，也是国内企业在海外胜诉的第一个知识产权官司。

商标权是知识产权的重要组成部分，跨国企业普遍对此予以高度重视。相比之下，我国企业的商标权意识比较薄弱，因而更容易在"走出去"的过程中遭遇商标抢注纠纷。商标一旦在国外被抢注，我国企业产品要进入被抢注国家或地区，企业就得以重金买回本该属于自己的商标或"改名换姓"，这两种方法都需要付出高昂的代价。因而企业应事先在潜在海外市场进行商标注册，将商标作为自己海外市场战略的先头兵，为自己的产品开山铺路，占地圈营。这是一种成熟的商业战略，也是最经济、最简单、最有效的自我保护方式。

# 第 9 章

# 商标异议问题

## 什么是商标异议

商标异议是指依照《商标法》规定,对商标局初步审定并公告的商标提出反对意见,要求商标局不予注册被异议的商标。提出异议的人为异议人,被异议的商标申请人为被异议人。

《商标法》规定,对商标局初步审定、予以公告的商标有异议的,异议人应当在商标公告期 3 个月内向商标局提出异议申请。

商标异议有 3 个重要作用:保护商标在先注册人的利益;保护商标初步审查人的在先申请权;避免注册商标申请人获得不应得到的商标专用权。

异议人只能在异议期限内对经商标局初步审定登载在《商标公告》上的商标提出异议。异议期为 3 个月,自被异议商标初步审定公告之日起计算,至注册公告的前一天。

商标异议的内容范围很广,既包括初步审定的商标与申请在先的商标相同或近似,也包括初步审定的商标违反了《商标法》的禁用条款或商标不具显著性,还包括申请人不具备申请资格等。

## 谁可以提出商标异议

提出商标异议的可以是任何人,既可以是商标注册人,也可以是非商标注册人;既可以是企业、事业单位,也可以是个人;既可以是法人,也可以是非法人。

商标异议程序的设置,旨在加强社会公众对商标审查工作的监督,减少审查工作的失误,强化商标意识,给予注册在先的商标权人及其他利害关系人一次保护自身权益的机会,杜绝权利冲突后患的发生。

## 商标异议的办理流程

申请人可以通过以下途径向商标局提出异议申请。
(1)委托在商标局备案的商标代理机构办理;
(2)申请人直接办理。
办理时可直接到商标局注册大厅办理。通过邮政或其他快递递交。
商标异议申请资料:

（1）商标异议申请书；

（2）明确的异议理由、事实和法律依据，并附相关证据材料；

（3）被异议商标初步审定公告的复印件；

（4）经异议人盖章或者签字确认的主体资格证明文件的复印件；

（5）商标异议官方费用每个类别500元。

## 商标异议需要提供哪些证据

商标异议能否成功，所提供的证据是关键。商标异议并不组织异议人与被异议人当面质证和辩驳，而是完全进行书面审查，其审查的依据就是双方提供的证据材料，因此一定要知道在商标异议过程中应提供哪些有利的证据。

### 1. 关于异议人

（1）异议人宣传册或公司简介；

（2）异议人经年检的营业执照副本复印件盖章，个人的需要提供身份证复印件签字；

（3）异议人产品的销售情况并提供一些销售合同，完税证明或发票复印件也有较高的证明力；

（4）异议人近年来的广告投入和市场宣传情况；

（5）异议人荣誉和获奖情况，认证情况。

2. 关于商标

（1）异议人商标的设计思路和具体说明；

（2）异议人商标的最早使用及连续使用证明，以及可证明该商标使用、注册的历史和范围的其他材料；

（3）异议人商标在国内外的注册情况，商标注册证复印件（已注册）或者受理通知书（正在申请的）；

（4）商标代理委托书和商标异议申请书必须要递交。

3. 关于对方侵权的证据

如果双方有业务关系、代理关系等行为，应当加以证明。对方是否曾经侵权以及是否恶意抢注的证据都应当递交。

## 商标被异议了怎么办

商标局在受理商标异议申请后，会将异议人的商标异议申请书及异议理由和证据材料等的副本送交被异议人或被异议人的代理机构，限定被异议人在收到之日起 30 日内答辩，被异议人在限定期限内未做出书面答辩的，视为放弃答辩权利。据统计，被异议商标的数量为初步审定公告商标的 2% ~ 3%。

## 商标异议答辩

若被异议人选择放弃答辩,或者没有在规定期限内及时答辩,都将被视为放弃其答辩权利。其后商标局将依照异议人提出的异议理由、相关证据等,裁定异议商标是否存在近似商标、是否系恶意抢注商标等问题。在此种情况下,商标被宣告无效概率很大。

若被异议人选择在规定期限内答辩,被异议人可针对商标被异议理由做出针对性反驳,如提交商标使用证据驳斥商标缺乏显著性、商标系恶意抢注,全面分析商标构成要素以反驳商标构成近似或相同等。

商标局在认真听取异议人和被异议人的陈述事实和理由,并经调查核实之后,将在公告期满之日起 12 个月内做出裁定:若异议理由不成立,异议商标将予以核准注册;若异议理由成立,异议商标将宣告无效。

## 案例分享

### 案例一:奇瑞、腾讯"QQ"商标争夺案

2003 年 3 月,奇瑞"QQ"轿车上市两个月前,奇瑞公司就向商标局申请注册了第 3494779 号"QQ"商标,指定使用在国际分类第 12 类中的大客车、电动车辆、小汽车、汽车等商品。但腾讯公司随后在该

商标的初审公告期间提出异议,就此开始"QQ"商标"鏖战"多年。

2009 年 11 月,奇瑞公司在法定期限内针对争议商标向商标评审委员会提出撤销申请。奇瑞公司认为,腾讯公司明知奇瑞公司拥有"QQ"汽车商标的在先权利,却申请注册争议商标,涉嫌侵权。

2013 年 2 月,商标评审委员会做出商标争议裁定,对腾讯公司持有的争议商标依法予以撤销。

这一决定做出后,腾讯公司不服,于是向北京市第一中级人民法院提起行政诉讼。北京一中院审理后认为,腾讯公司所创立的"QQ"及企鹅图形系列品牌在通信服务领域已经建立起一定的知名度,但该商誉不能延伸到汽车类商品,即便是防御性商标的注册,也应对于他人在先享有的合法权利进行避让。

| QQ 申请/注册号:3494779 国际分类:12 | 申请/注册号 | 业务名称 | 环节名称 | 结论 | 日期 |
|---|---|---|---|---|---|
| ○ | 20140000079263 | 商标续展 | 申请收文 | 结束 | 2014年07月14日 |
| ○ | 20090000037761 | 异议复审 | 申请补充材料收文 | 结束 | 2013年06月08日 |
| ○ | 20090000037761 | 异议复审 | 答辩回文收文 | 结束 | 2010年05月14日 |
| ○ | 20090000037761 | 异议复审 | 打印受理通知 | 结束 | 2010年04月08日 |
| ○ | 20090000037761 | 异议复审 | 申请补充材料收文 | 结束 | 2009年11月27日 |
| ○ | 20090000037761 | 异议复审 | 申请收文 | 结束 | 2009年08月31日 |
| ○ | 20040000012502 | 商标异议申请 | 等待注册公告排版时刻 | 结束 | 2009年07月17日 |
| ○ | 20080000060351 | 变更商标申请人/注册人名义/地址 | 打印核准变更证明 | 结束 | 2008年12月25日 |

商标评审委员会做出评审争议裁定(图片来自商标局网)

在一审判决做出后，腾讯公司不服，又向北京市高级人民法院提起上诉。北京高院审理后认为，由于汽车商品和通信服务差距较大，二者不构成同一种或者类似商品或服务。腾讯公司在汽车等商品上申请争议商标时，理应知晓奇瑞公司在此类商品上的"QQ"商标已经具有一定知名度。

因此，腾讯公司申请注册争议商标的行为具有不正当性。而且即便是防御性商标，也应当对奇瑞公司享有的在先权利进行避让。北京市高级人民法院最终判令撤销腾讯公司在汽车等商品上的"QQ"注册商标。双方11年旷日持久的商标大战终于有果。

### 案例二："稻香村"标识异议案

北京稻香村拥有一百多年的历史，由于工艺考究、味道正宗，成为京味糕点的代表。早在1993年，北京稻香村就已被认定为"中华老字号"；2014年，"稻香村"文字商标被商标局认定为驰名商标，北京稻香村早在2009年就对苏州稻香村申请注册的"稻香村"商标提出异议。

尽管官司不断，双方争夺战时至今日也未曾停歇，一南一北两家"稻香村"为谁是真的老字号争得面红耳赤。

商标评审委员会、北京市一中院、北京市高院和最高院先后做出裁定或判决："稻香村"标识与北京稻香村公司的"稻香村"商标构成类似商品上的近似商标，不得注册。

商标评审委员会做出评审争议裁定（图片来自商标局网）

  北京知识产权法院要求北京苏稻食品工业有限公司、苏州稻香村食品有限公司（合称苏州稻香村）应立即停止在京东商城、天猫商城等电商平台销售带有"稻香村"标识的糕点等产品。

  异议商标"稻香村"是异议人重点打造的系列品牌之一，凭借异议人强大的品牌影响力及品牌本身的优异品质，异议商标"稻香村"已经被消费者所接受和认可，具有了较高的知名度，显著性和识别性也得到较大提升。

  但是，品牌的成功也为北京稻香村引来了"山寨"之乱，被异议商标与异议商标指定使用的商品相同或者类似，含义、文字组成以及整体外观近似，已经构成相同或者类似商品上的近似商标，如果核准注册极有可能引起消费者对商品来源的混淆和误认。

我认为，北京"稻香村"被核准注册在先，其在先权利应当受到法律的保护，被异议商标与异议商标构成相同或者类似商品上的近似商标，违反了《商标法》第二十八条的相关规定，侵害了异议人在先的商标权利，予以核准注册将有可能引起消费者对商品来源的混淆和误认，应当依法不予核准注册。

### 案例三：捂脸表情被抢注商标，腾讯将提出异议申请

2017年11月21日，浙江义乌大陈镇的金某平申请注册捂脸表情，该商标为25类，核定使用商品/服务项目包括：T恤衫；服装；衬衫；婴儿全套衣；鞋；帽；袜；手套（服装）；领带；围巾等。

商标局在2018年8月13日发布了该商标的审定公告，异议期限为2018年8月14日—11月13日。

捂脸表情被抢注直接刷爆了朋友圈。不少网友直接贴出捂脸表情，表示奇怪怎么不是腾讯注册的？

2018年9月，腾讯公司回应，微信日常小黄脸系列表情中的捂脸表情是由三四个设计师历时5个月才完成的，"腾讯将在法定时限内对该商标提出异议申请"。

金某平申请注册的第27608754号捂脸表情商标，在8月14日—11月13日为期3个月的初审公告期内，所有对此持有异议的人都可提出异议。

第 1611 期商标公告　　　　　　　　　　　　　　　2018年08月13日

## 商标初步审定公告

根据《中华人民共和国商标法》第二十八条之规定，下列商标初步审定，予以公告。异议期限自2018年08月14日至2018年11月13日止。

第　27608754　号
申请日期　2017年11月21日
商　　标

申 请 人　金召平
地　　址　浙江省义乌市大陈镇楂林一村4组
代理机构　浙江明达商标事务所有限公司
核定使用商品/服务项目
第25类：T恤衫；服装；衬衫；婴儿全套衣；鞋；帽；袜；手套（服装）；领带；围巾

商标局发布商标初步审定公告（图片来自商标局）

　　由于之前在相应类别上没有人注册与捂脸标识相同或相近似的商标，所以商标局在前期对该商标的审查行为符合法律法规，不存在争议。如果腾讯公司能够证明捂脸表情确属其公司员工的作品，腾讯公司可以侵犯著作权为由对此商标提出异议，而且成功的概率会比较高。

# 第 10 章

# 商标驳回问题

很多企业在注册商标时，会收到商标驳回通知书。为什么商标会被驳回？我们先来看一下商标被驳回的原因。

## 什么情况下商标会被驳回

常见的商标被驳回的原因有以下几种。

（1）商标已经被注册。注册商标实行申请在先的原则，在申请人提交申请之后，审查员会进行审查该商标是否已经被注册，一旦有人先申请注册成功，后面的申请自然会被驳回，所以申请注册商标还是尽早为好。

（2）商标近似。一些企业或者个人初次申请注册商标没有经验，在进行申请注册商标的时候没有进行前期的商标近似查询，造成所申请注册商标与已经成功注册的商标相似的情况。此外，商标在取名和设计 LOGO 时，刻意地模仿品牌，想要盗用品牌的知名度，那更有可能被审查员认定为近似的商标。

（3）商标名称不规范。一些行业内通用和惯用的名称以及仅仅描述了产品特征的词语是不能进行商标注册的，因而在商标名字和 LOGO 设计方面也要严谨对待。

（4）商标缺乏显著性。申请注册的商标过于简单，没有特点和创意，审查员就会判定商标缺乏显著性，不具备可识别性，从而导致被驳回。

（5）商标违反强制性规定。无论是注册国内还是国外的商标，《商标法》有明文规定，若干图案和文字词语是不能使用的，因而在申请注册商标的时候要尽量避免这些图案和词汇。

## 商标被驳回后如何应对

一旦商标被驳回，就没有希望注册成功了吗？事实并非如此。我们可以申请驳回复审，通过驳回复审，商标还是有希望注册成功的。

如果注册商标申请被驳回，商标注册申请人可以在 15 天内向商标评审委员会提交申请复审，商标评审委员会的功能与"上诉法庭"相似，负责审理所有不服商标局决定的案件。有特殊情况需要延长的，经有关部门批准，可以延长 3 个月。

15 天的期限极短，商标注册申请人一定要保持与其密切的接触，因为它是负责商标驳回复审的实施者。此外，如果商标注册申请人对商标评审委员会的决定不服，可以自收到通知之日起30天内向人民法院起诉，不服判决的，还可向高级人民法院提出上诉。

## 商标驳回复审的注意事项

### 1. 提出商标驳回复审所需文件及材料

（1）商标驳回通知书原件；
（2）商标局邮寄商标驳回通知书的信封；
（3）申请人的资格证明复印件（营业执照或身份证）；
（4）商标评审代理委托书；
（5）相关证明材料等。

### 2. 商标驳回复审的费用

申请商标驳回复审，商标评审委员会的官方费用是1500元/件（一标一类为一件）；

代理商标驳回复审收费为3500元（商标驳回复审官方费用1500元+代理服务费2000元）。

### 3. 商标驳回复审和审查周期

根据新修订的《商标法》，商标驳回复审要求商标评审委员会在9~12个月完成复审审查。在实际审查中，个别驳回复审案件的审查甚至更快。

## 商标评审委员会审理的 5 种案件类型

商标评审委员会审理的案件目前一共有 5 种类型：驳回复审；不予注册复审；撤销复审；无效宣告；无效宣告复审（依据《商标法》第四十四条对商标局的无效决定提起的复审）。这些类型的案件均由商标评审委员会来审查。

这里重点谈一下不予注册复审案件。依据 2001 年修订的《商标法》，如果对异议裁定结果不服，双方当事人（异议人或者被异议人）均可以向商标评审委员会提出复审。但是近年来，异议复审程序发生重大变化。依据 2013 年修订的《商标法》，如果被异议商标经异议裁定不予注册（异议成立），被异议人可以向商标评审委员会提起不予注册复审；但是反过来，如果被异议商标经异议裁定准予注册（异议不成立），则被异议商标将核准注册。此时，原异议人对于该异议裁定不能提起复审（丧失了旧法中规定的提起异议复审的救济方式），而只能等到被异议商标成功注册后再向商标评审委员会对该商标提起无效宣告申请或者通过其他途径获得救济。

商标评审委员会审查的第三种案件类型是撤销复审。比如，在连续 3 年不使用商标被提请撤销（简称"撤三"）的情况下，商标所有人提交了使用证据，商标局不认可这些证据，最终撤销了商标；反过来，另一种情况是，商标局认为提供的使用证据有效，对被撤销商标予以维持注册，而撤三申请人认为被撤销商标所有人提供的使用证据存在瑕疵，被撤销商标不应予以维持。因此，撤三案件的双方当事人均有可能向商标评审委员会提出撤销复审申请。此外，撤销复审也包括对商标局做出的撤销通用名称决定不服而提起的复审案件。

商标评审委员会审查的第四种案件类型是无效宣告。无效宣告只能由申请人直接向商标评审委员会提出，这种案件和驳回复审一样，比较常见，不再赘述。

还有一种是无效宣告复审，是比较特殊的案件类型。既然无效宣告是由商标评审委员会审理，那么无效宣告复审为什么还由商标评审委员会来审理呢？这是因为《商标法》第四十四条规定了以欺骗手段或者其他不正当手段注册的商标或者违反商标注册的禁止性条款的商标，商标局可以直接宣告该注册商标无效。因此，商标所有人对商标局的无效宣告决定不服，可以向商标评审委员会提起无效宣告复审。这一点是不太常见的。

## 如何降低商标的驳回率

### 1. 拆分注册

（1）拆分注册可以降低因其中一种要素被判为近似而商标全体被驳回的危险。

商标检查的准则是文字和图形分隔检查，如一个商标包括文字和图形两个要素，如果在这个商标申请之前，有一个商标与文字部分很近似，商标局就会断定请求的商标近似，然后驳回全部商标。

所以，拆分注册可以有效避免因组合商标其中一种要素具有较大驳回危险而导致全部商标被驳回的情形，可以最大限度地确保另一种要素获得商标权。

（2）拆分注册还可组合运用，运用方式灵活。

（3）拆分注册比组合注册成本高。

### 2. 组合注册

（1）组合注册可以添加不一样的要素使得全体商标更具显著性，降低某一种要素独自请求被驳回的危险，可以提高商标授权的成功率。

商标检查的准则尽管是文字和图形要素要分隔检查，可是在判别商标近似时检查员仍然须思考各个要素组合在一起时全体的视觉效果是不是近似，是不是易构成混杂误认。

所以当组合商标单个要素与其他商标是不是构成近似可左可右时，如果添加了别的一种要素，商标全体就与其他商标构成较大差异，被判为近似而被驳回的危险会下降；而且即使被驳回，经过驳回复审也易获得成功，然后提高商标授权的成功率。

（2）组合注册固定了商标的运用办法，运用时不能随意变化商标的摆放办法、各要素份额大小等。

（3）组合注册成本最低。

### 3. 拆分注册 + 组合注册

（1）其优势在于可以兼具上述两种办法的优势。降低因其中一种要素被判为近似而商标全体被驳回的危险，经过添加不一样要素使得全体商标更具显著性，降低某一种要素独自请求被驳回的危险，可以提高商标授权的成功率。

（2）运用办法灵活。

（3）劣势在于请求商标的成本增加：拆分加组合注册成本最高。

这种办法尽管成本高，但这种办法注册的商标成功率最高。

## 预先做好商标被驳回的准备

不同于商标申请阶段，申请人可以在复审阶段充分主张自己的理由并提交相关证据。实践中，很多最初被商标局予以驳回的商标最终通过复审程序获得注册。因此，建议商标注册申请人认真分析，提前做好商标被驳回或异议的准备。

商标注册申请被驳回，其中有个重要的原因就是缺乏显著性，与在先商标构成近似。商标评审委员会在判断标识本身是否近似、商品和服务是否类似之外，或者商标进入初审公告期间，被他人引证在先商标提出异议时，都会结合被驳回或者异议商标的知名度进行综合考虑。此时，提前做好准备，从而克服驳回和异议就显得十分重要了。

那么此处所谓准备，是指什么呢？商标使用证据！企业从一开始就应当充分重视商标使用证据的收集、整理和归档，必要时，能拿出有效的证据，表明商标已经取得了区别于在先商标的显著性。比如，销售合同、发票；行业奖项、荣誉；审计报告；出口记录；消费者反馈（如网上留言、评价）；有关自己企业的媒体报道；参加重要行业活动的资料等。这些证据的着力点在于：你一直在投资进行商标使用，且小有成就，已取得一定的声誉和影响力。商标审查员和法官会根据事实做出判断，增加复审成功的可能性。

有备无患才能够沉着应战。对于创业公司来说，商标申请后起码1年才有结果，碰到驳回复审、异议，则可能再加上1年，如果还要诉讼，起码再加1年，所以完全有充分的时间来积极利用，提供具有说服力的证据。

## 案例分享

### 案例一："国酒茅台"商标多次被驳回起诉

茅台集团一直被称为中国白酒界的龙头老大，其官方网页显示有"国酒茅台官网"字样，贵州茅台的广告语也以"国酒"自称。然而茅台企业一直想注册"国酒茅台"这个商标，不仅被商标局驳回，更遭到包括五粮液、汾酒、郎酒等31家白酒企业和机构的反对，甚至可以说几乎整个白酒行业都不同意。

某媒体 2018 年 8 月 12 日报道：中国贵州茅台酒厂（集团）有限责任公司（以下简称"茅台集团"）日前向北京知识产权法院提起诉讼，要求商标评审委员会撤销不予注册"国酒茅台"的复审决定。

公开资料显示，早在 2001 年 9 月茅台集团就开始提出"国酒茅台"商标申请，申请未通过。2010 年 6 月 9 日，茅台集团再次在第 33 类商标提出"国酒茅台"的商标申请，并于 2012 年 6 月 26 日获得注册申请初步审定。但 2016 年年末，商标评审委员会做出决定，对茅台集团商标及图不予注册。

商标评审委员会指出，"国酒茅台"这一商标中的"国酒"文字带有"国内最好的酒""国家级酒"的质量评价含义，茅台集团提交

商标评审委员会做出评审争议裁定（图片来自商标局网）

的证据并不能证明"国酒"具有其他更强的含义。该文字成为茅台集团注册商标的组成部分独占使用，易对市场公平竞争秩序产生负面影响。因此，这一商标违反了《商标法》的相关规定，不予核准注册。

这些名酒企业认为"国酒"二字不是荣誉，而是代表产品的质量，"国酒"两个字使用在商标中带有欺骗性，"国酒茅台"商标若获得注册和使用，极易使消费者对产品的品质产生误认，剥夺了其他同行业者公平竞争的机会，损害整个行业甚至其他行业的合法权益，不利于市场经济秩序的维护。

个人认为，茅台已经是事实国酒，在实际运用中，茅台利用国酒商标拼音特权已经大范围使用了国酒概念，但是国酒注册涉及国家荣誉与整个中国酒行业的利益，必须有非常强大的国家贡献与行业贡献才能成立，何况国字头消费品目前没有先例。"国酒茅台"商标违反了《含"中国"及首字为"国"字商标的审查审理标准》等法规文件的要求。

## 案例二：上海俊客公司的商标"MLGB"被驳回

上海俊客公司于2010年12月15日申请注册"MLGB"商标，2011年12月28日核准注册，核定使用在第25类服装、婚纱、鞋、帽、袜、领带、围巾、皮带（服饰用）、运动衫、婴儿全套衣商品上。

2015年10月，原本已经注册核准用于第25类（服装）的"MLGB"商标，被商标评审委员会裁定宣告"MLGB"商标无效！

| | 申请/注册号 | 业务名称 | 环节名称 | 结论 | 日期 |
|---|---|---|---|---|---|
| | 20150000007671 | 评审应诉 | 申请收文 | 结束 | 2017年02月21日 |
| | 20150000007671 | 无效宣告 | 实审裁文发文 | 结束 | 2016年11月25日 |
| | 20150000007671 | 无效宣告 | 评审分案 | 结束 | 2016年07月25日 |
| | 20150000007671 | 无效宣告 | 证据交换发文 | 结束 | 2016年07月25日 |
| | 20150000007671 | 无效宣告 | 领退信(商标无效宣告答辩通知书) | 结束 | 2016年03月23日 |
| | 20150000007671 | 无效宣告 | 排版送达公告(商标无效宣告答辩通知书) | 结束 | 2016年03月02日 |
| | 20150000007671 | 无效宣告 | 有退信(商标无效宣告答辩通知书) | 结束 | 2016年02月02日 |
| | 20150000007671 | 无效宣告 | 受理通知发文 | 结束 | 2016年01月28日 |

MLGB 申请/注册号：8954893 国际分类：25

**商标评审委员会做出评审争议裁定（图片来自商标局网）**

商标评审委员会认为，争议商标由英文字母"MLGB"构成，该字母组合在网络上广泛使用，其含义消极、格调不高，用作商标有害于道德风尚，易产生不良影响。依照此前《商标法》的相关规定，商标评审委员会裁定争议商标予以宣告无效。随后，上海俊客公司不服该裁定，向北京知识产权法院提起诉讼。

对于如何判断网络环境下形成了具有相对固定含义的"网络语言"是否符合《商标法》所规定的"有害于社会主义道德风尚或者有其他不良影响"，合议庭存在分歧，并且涉及不同价值之间的取舍。

该品牌的目标定位是青少年，青少年群体在网络社交中看到"MLGB"，容易产生将低俗另类当作追求时尚的不良引导，这种不良引导直接影响的是青少年群体，有伤社会道德风化，因此驳回上诉请求。

　　我认为，网络热词作为商标注册并不完全具有可注册性，也不必然具有不可注册性。由于网络热词的话题性，其内容形式显得较为随意，表现形式也较为多样化，会加大此类商标被驳回的风险。

　　同时此类标识属于公共流行领域的共有资源，在商标审查过程中也会增加审查的注意力及严格程度。通常来说，该类型的商标标识会和一般普通词语一样受到商标局的受理，也会受到合法性、显著性和近似性的制约和审查。

# 第 11 章

# 商标转让问题

## 什么是商标转让

商标是一种无形资产,但是也可以作为商品来转让,而且现在商标转让市场也越来越大。究其原因,主要是现在商标注册资源几近枯竭,转让市场开始兴盛起来,而且随着越来越扩大的商标需求,商标转让价格也会越来越高。

商标转让是商标注册人将其注册商标赠送、售卖或转让他人所有和专用的行为。

转让注册商标(R标),要在转让后6个月以内由转让人和受让人共同向商标主管机关申请转让注册或评估作价。有的国家规定转让商标要连同企业一同转让。

我国对商标连同企业一同转让未做规定,但规定了受让人应当保证使用转让商标的商品质量。商标也可以作为投资物作价入股。

商标转让一般有以下几种形式:合同转让、继受转让、因行政命令而发生的转让。

## 为什么选择商标转让

商标是每个公司的象征，每个企业都需要一个好听、好记的品牌商标，一般企业主要的想法就是自己直接去商标局进行注册，或者委托商标代理平台帮助企业注册商标，这样下来基本上也就几千元钱。但有很多企业并不选择这种直接注册商标的方式，而是愿意花上万甚至十几万来买商标，也就是说是通过商标转让的方式来获得自身的商标。难道说这些企业都很傻吗？答案当然是否定的。企业愿意选择商标转让，是有其原因的。

### 1. 注册商标有一定失败的风险

商标申请文件从商标局接收之日到可以从计算机数据库中检索到需要一定的时间周期。这个信息输入周期即使在商标局内部也无法回避，对外则一般在3~6个月，这还只是商标申请本身的基本信息，也就是通常所讲的查询盲区。

### 2. 审查员主观判断的风险

这种风险主观因素很强，不能避免。商标局的评审员也有更换的时候，新的评审员可能经验和知识存在不足。法律也赋予审查员在审查过程中，根据个人理解所行使的自由裁量权。

### 3. 可能存在异议风险

商标异议是我国法律规定的，对已经商标局主动审查并初步审定核准的商标，以商标公告方式对外公开征求社会公众监督的被动审查的法定程序，任何人对初步审定核准的商标持有不同意见并有明确理由的，都可以在初步审定公告之日起3个月异议期内向商标局提出异议申请，要求撤销初步审定，驳回该商标的注册申请。

## 与注册商标对比，商标转让的优势

### 1. 时间对比

注册商标：1年（商标注册的效率和国内的商标申请量有直接关系，近几年来普遍为1年）。

转让商标：6~10个月（最快可当天使用商标）。

由此可以看出，转让商标更能节约时间成本（提高2倍）。在这个时间就是金钱就是商机的社会里，对企业来说购买商标具有明显的时间优势。

### 2. 成功率对比

注册商标：商标存在一定的近似性，注册商标风险较大。

转让商标：风险非常小，转让的商标本身就是商标局已经批准的注册商标，已经得到了商标局的认定，所以不存在商标局因近似驳回商标的可能性。转让商标，只需要转让双方通过代理机构到商标局备案，受让人就能得到商标的注册证，拥有商标的所有权，成功率接近100%。

### 3. 商标价值含义对比

注册商标：基本上较好的汉字组合都已经被注册了。企业要想申请一个名字较好的商标非常困难，大多企业则不得不注册一个并不能够凸显企业本身和产品特色的商标。如果企业最终因为商标名称的关系导致品牌在推广上遇到阻滞，将会严重影响企业未来的发展。

转让商标：企业在可以出让的众多商标中选择一个适合自己企业和产品的商标，对企业的经营发展更有价值。

### 4. 综合效率对比

注册商标：企业从新申请一个商标到拿到注册证一般需要1年多的时间。其间企业要生产经营、销售产品，同时会做大量的广告宣传，印制产品内外包装，进行渠道建设，所需花费以数十万元计算。一旦注册失败，带给企业的损失不可估计。

转让商标：企业将一个已经注册成功的商标转让到自己的名下，能够在第一时间内拥有自己的品牌，使企业迅速进入品牌化的进程，大大降低各种投资的风险，并能更快速、准确地推广企业自身品牌，使企业在同行业迅速崛起、腾飞，确定在同行业中的重要地位。

## 与商标许可相比，商标转让的优势

企业想要快速获得商标，可以通过商标注册、转让和许可 3 种方式获取。商标许可、商标转让都是可以快速获得商标的途径。但是，商标许可只是获得别人商标的使用权，而商标转让却是相当于把商标买到手。就好比"买房子"和"租房子"，租房子虽然月租便宜，但得担心房东随时涨价的麻烦，而为自己买房子就不必有这个烦恼。

（1）商标转让最直观的优势是时效上的优势，只要找到合适的卖家，谈好价钱就差不多能够将商标拿下。

（2）与商标许可相比，转让商标可以取得注册商标，避免为他人作嫁衣。

商标转让看似没有商标许可更直接、更快地使用商标，但也比商标许可有着无法比拟的好处。商标许可使用容易引来品牌纠纷，商标转让能够让商标完全彻底地在自己手上随意使用。

## 商标转让的注意事项

### 1. 必须经商标局核准

商标局核准后才能生效，如果仅仅签订转让协议，未经核准是不发生法律效力的。

### 2. 保证商品质量

为了维护消费者利益，受让人应当确保使用该注册商标的商品质量。

### 3. 产生不良影响不能转让

很多商标在注册时满足了一些特定条件才被授予，比如集体商标、证明商标大多如此。如果这些商标转让给了不符合条件的其他人，显然会产生不良影响。再比如，把地名商标转让给了非当地人，商标局也不会予以核准。

### 4. 寻找专业的商标注册机构

一般商标注册机构代理注册商标，肯定有些机构会储存一些商标，而且多数企业或个人转让商标也是要找代理的，所以通过代理买卖商标省时省力。

### 5. 近似商标一并转让

商标专利权人或商标注册人在同一种商品上注册近似商标要一并

转让，这对于受让方来说相当重要。《商标法》规定，如果商标专利权人不同时办理同一商标的近似商标转让，会被视为放弃。

为何要连近似商标一同转让？主要还是为了避免人为制造近似商标纠纷。商标权利属于专利，不能共享。同时，为了区分商品来源，避免引起消费者混淆，在转让注册商标时，应当将与注册商标在相同或者类似商品上的商标一并转让。有的商标虽然并不属于同一类别，但容易被断定为类似商标，例如，33类白酒和32类啤酒不属于同一类，但如果某公司转让一枚白酒商标，也要将啤酒商标一并转让。

### 6. 转让的商标必须是有效商标

这一点非常重要，买方在购买前一定要先查一下该商标是否还在有效期内。国内的注册商标有效期一般是10年。但是还有一种情况，一个注册商标如果3年未被使用，会被撤销注册商标。一般对方转让商标都是公司注销之后留存的，那么该商标自公司注销之后就没有再使用了。所以如果不注意，该商标可能过了3年，此时，任何人都可以向商标局申请撤销该商标。

## 特殊情况下的商标转让

（1）商标权人死亡或终止以后，商标能不能转让呢？理论上也是可以的。如果商标权人是一个公司，它已经被终止不再运作了，这种情形下,无须提供转让人的主体资格证明文件,但是需要提供该公司终止的证明文件。如公司的清算组同意转让,那么清算组就可以代表转让人签字盖章。当然这需要同时提交证明清算组合法成立的文件。

(2)商标权人的营业执照被吊销以后怎么办理转让?

吊销未注销是一个十分常见的工商管理术语。在吊销未注销的情形下,企业主体还在,同样可以办理商标转让。此时,商标权人虽因违法受到吊销营业执照的行政处罚,但这只是意味着该企业丧失经营资格,其主体资格仍然存续,所以,依然有权处分自己的无形财产。

(3)因企业改制、兼并或者合并以及继承、司法判决等事由发生的商标权属的变化,一般不称为"转让",而是称为"移转"。如果是国有企业改制,通常由主管的国资委出具相关改制文件,其中会明确约定商标权等知识产权的权利归属。而如果是集体企业改制,通常会由上级主管部门的文件来明确商标权等知识产权的权属。这样一来,在办理商标移转手续的时候,就可以向商标局提交这些证明文件。

企业改制后新设立的企业商标转让必须按照移转手续办理。但是,如果变更设立的企业承担了原企业的全部债权债务,且资产属性没有发生变化,不用办理转让,只办理企业名称变更引起的商标变更即可,节约费用。

(4)个体工商户名下商标的转让。这种情况早些年常出现,现在情况不是特别多。如果是个体工商户的营业执照被注销了,其名下的商标要移转的话怎么办?如果是个人经营,个人就可以处分名下所有的商标,按自然人商标转让办理;如果是以家庭为单位经营的个体工商户，则需要参与经营的家庭成员共同签字，共同处分商标；如果是个人独资和合伙企业，可以参照个体工商户办理。如果是个体经营者名下有商标，经营者死亡后办理转让，则需要去公证处办理一份继承公证，由继承人办理商标的移转手续。

（5）还有一种不常见的转让类型是司法执行。如果我们的当事人持有一份生效的判决书、裁定书或者是民事调解书，当然如果是一审判决，还须另附一个判决生效证明。这样，当事人凭这些生效的法律文件就可以去商标局办理商标移转手续。同时，需要特别注意的是，受让人须与法律文书上记载的当事人完全相同。

## 商标转让价值如何评估

许多企业在购买商标时都会有这样的疑惑：商标转让的价格是如何定的？商标转让价格多少才算合理？

### 1. 商标转让的价格

一般来说，商标转让的价格分为3种。

（1）商标转让过户费：按行规确定。

（2）商标转让代理服务费：若委托代理机构，则还需另行支付一定的代理服务费。

（3）商标本身的价格。辨识度高的、寓意美好的、有知名度的商标当然是大家争相抢夺的"好商标",价格自然不低。

## 2. 商标转让的合理价位

通常情况下,市面上商标的价位大都在几千、几万元之间。价格的高低,主要取决于商标的名称是否顺口,字数的多少,以及是否符合项目的定位等。

比如做眼镜销售的公司,有一个商标名字叫"魔镜",那这个商标价格就贵,少则几十万元,多则几百万元,上不封顶。

主要贵在3个方面:一是简短;二是有明确的寓意、很好理解;三是比较有吸引力,大众接受程度高。

我们平时为了做项目购买的商标,一般只要符合品牌形象和定位,几万元是合理的。

商标的价值是没有固定的范围的,要判断一个闲置商标大概在什么价位,有一个很简单的方法,那就是多看,多对比。当对比几百上千个商标之后,对于什么商标该卖多少钱,自然就了然于心!

## 哪些情况下商标转让无效

商标转让本来是很正常的商品交易,但是由于商标是无形资产,很难看到实物,就算看到商标注册证,也无法论证商标注册证本身的真假。如果一个商标价值较高,那么就有可能被人伪造或者盗用商标注册证。有些非法人员利用法律漏洞伪造持有人的印章、假冒商标持有人签名，将他人的注册商标转让给别人或同伙，并向商标局申请办理相关手续。所以大家在转让商标的时候一定要小心，不要上当。

还有一些情况下转让商标也是无效的。

（1）在初审阶段尚未注册的。

（2）有效期满及6个月宽展期内未提出续展申请，或商标局已注销的。

（3）他人已向商标局提出该商标连续3年停止使用的。

（4）擅自改变了文字、图形及其组合的。

（5）未经有关部门批准，自行改变注册人名义、地址，以及其他事项而未办理变更手续的。

## 商标闲置与商标转让

闲置商标是指取得商标专用权后从未使用或长期不使用的注册商标。

### 1. 闲置商标大概有以下几种：

（1）企业因经营范围变更、改制、破产、商标注册人死亡或终止等情况，忽略对商标的处理，导致无人管理的商标；

（2）因品牌发展、产品滞销等被企业搁置不再使用的商标；

（3）个人或企业恶意注册用作投资的商标；

（4）名企为保护品牌而注册的防御商标。

## 2. 商标闲置该如何处理？

（1）商标注销

商标注销包括经申请注销和商标局主动注销两种情况。在商标注册人不想再使用自己的注册商标时，可以向商标局提出注销申请。对于商标已过有效期，企业也未办理续展注册手续的商标，《商标法》第四十条规定："注册商标有效期满，需要继续使用的，商标注册人应当在期满前12个月内按照规定办理续展手续；在此期间未能办理的，可以给予6个月的宽展期。每次续展注册的有效期为10年，自该商标上一届有效期满次日起计算。期满未办理续展手续的，注销其注册商标。"

（2）商标续展或商标变更

企业因特殊情况忽略对商标的处理而导致的商标闲置情况，在商标有效期内的，如果想继续保留该商标，根据《商标法》第四十条及四十一条规定，商标注册人可将该商标进行续展和变更，避免造成因无人管理而被商标局主动注销的情况。

（3）商标转让

《商标法》第四十三条规定，注册商标所有人在法律允许的范围内，可以将其注册商标转移给他人所有。

### 商标转让与商标权质押

商标权是一项可以获得收益的权利，当债务人需要担保时，债务人可以将其进行权利质押，在债务人无力承担债务时可以将商标权进行折价、拍卖优先赔偿给债权人。

现行《担保法》第七十五条规定，依法可以转让的商标专用权利可以质押。我国《物权法》第二百二十三条规定，可以转让的注册商标专用权利可以出质。但是商标知识产权作为一种权利质押，在《商标法》和《商标法实施细则》中，却丝毫没有涉及，没有规定有关商标质押的法律原则和法律责任。

为适应贯彻落实《国家知识产权战略纲要》要求和建设完善的商标权质押贷款法律制度的需要，建议在修改《商标法》和《商标法实施条例》时，增加有关商标权质押法律制度的内容，使商标权质押贷款能得到法律的有效保障。

### 商标权质押注意事项

自然人、法人或者其他组织以其注册商标专用权出质的，出质人与质权人应当订立书面合同，并在商标局办理质权登记。商标专用权质押合同自登记之日起生效。依据我国《物权法》的规定，注册商标专用权出质的，质权自有关主管部门办理出质登记时设立，没有办理登记是不生效的。

### 1. 商标专用权质押登记的申请人

（1）商标专用权质押合同登记的申请人，应是订立商标专用权质押合同的出质人与质权人。

（2）申请商标专用权质押合同登记，一般由签订合同的双方当事人向商标局办理质押登记申请手续。

（3）申请商标专用权质押登记，可以直接办理，也可以委托他人代理。委托他人代理的，应当交送代理人委托书一份，代理人委托书应当载明代理内容和权限。

### 2. 办理商标专用权质押合同登记申请

申请商标专用权质押合同登记需提交下列文件。

（1）填写的商标专用权质押登记申请书，其申请书应包括以下内容：

A. 申请质押原因；

B. 申请质押登记的双方当事人名称、法人代表、地址并加盖申请人章戳；

C. 质押商标名称、注册证号，商标有效期；

D. 质押商标的权属状况；

E. 质押的价值；

F. 质押的期限等。

（2）企业营业执照（复印件）。

（3）主合同和质押合同复印件（外文文本须附中文译本 1 份）。

（4）质押商标所有权证明原件或经核对的复印件（包括续展、变更、转让情况）。

（5）代理人权限委托书，商标局认为应当提交的其他文件或材料。

### 3. 申请登记的时间要求和审查期限

出质人与质权人应当于订立书面协议之日起 20 日内，向商标局申请登记；

登记机关应于受理登记申请之日起 5 个工作日内，做出是否予以登记的决定。

4.商标局登记要求符合上述登记条件的，商标局予以登记，发给商标专用权质押登记证；不符合有关规定的（如出质人不是商标权合法所有人的、商标权归属不明确的、没有缴纳登记费等），商标局不予登记。

## 案例分享

### 案例一："iPad"商标 6000 万美元转让案例

"iPad"商标的所有权人分布于我国大陆和台湾，即深圳唯冠和台北唯冠。除了苹果公司以外，它们是在全球范围内拥有"iPad"商

关于 iPad 商标纠纷的报道（网络截图）

标的权利人。在苹果公司收购"iPad"商标的时候，只和台北唯冠签订了转让协议，办理了转让手续，但是并没有和深圳唯冠签订转让协议办理转让手续，所以才出现了"iPad"商标后来的尴尬境地。

"iPad"商标案的细节很多人都了解，在此不做多讲。我们从这个转让的案例当中，其实可以学到许多东西。苹果公司为了转让商标，从一开始就专门设立了一个 IP 公司，这个策略非常值得我们学习。如果客户需要转让别人的商标，自己直接出面的话，很容易让对方知道待转让商标的用途以及客户的实力，从而推测出待转让商标对应的价值；而重新设立一个不知名的公司或者找一个没有名气的第三方公司就能有效地规避好多麻烦。

但是我们也不得不反省苹果公司出现的漏洞。对于今后的商标转让事宜，我们需要对真正权利人及其关联公司进行全面检索，并且查询清楚这些主体名下所有相同类似商品上的全部相同近似商标，以便做一个完整的调查，避免出现重大失误。

### 案例二：著名商标"东钱湖"做质押成功换来 2 亿元贷款

宁波东钱湖投资开发有限公司以省著名商标"东钱湖"作为质押，与浙江稠州商业银行宁波分行签下一笔 2 亿元的贷款，以用于东钱湖的民生安居工程。

据有关负责人介绍，这笔商标质押贷款已经创下全省单笔最高额度纪录。在东钱湖市场监管分局有关负责人赴北京帮助办理质押合同备案时，商标局有关人士也表示，放眼全国，以单个商标作为质押贷款达到 2 亿元的也非常少。

"东钱湖"商标是 2003 年 3 月注册的一个全类注册商标。经过 12 年的培育发展，该商标已取得了全部 45 类商标的注册证书，截至 2018 年年底已有 29 家区内外企业在 32 类商品、1000 万个商品上使用，

东钱湖商标

是浙江省著名商标。2014年年末,经权威性评估机构评估,"东钱湖"商标的价值达到了52.3亿元。

"没想到一个'LOGO'这么值钱,也能贷到这么多钱!"在签约仪式会上,东钱湖投资开发公司负责人感慨。

"东钱湖"商标质押贷款为企业找到了新的融资渠道,并且有助于企业重视建设"重品牌、重信用"的氛围,也会带动更多企业通过这一渠道解决融资难题。国家相关部门一直在鼓励企业通过商标、版权等知识产权融资,知识经济时代商标的运营手段层出不穷,企业可以通过商标质押评估、流转评估等评估自身商标价值!小小商标虽看似不起眼,但是经营好了,就是一座金山,不但能给企业带来声名和美誉,开拓市场立战功,关键时刻,还能救企业于危难,转手就能换来"真金白银"。

### 案例三:"莫言醉"商标税后1000万元被酒厂买走

一位喜欢喝酒的侯先生,几年前与朋友聚会,酒喝到高兴时,无意中说出了两句打油诗:"酒逢知己千杯少,好友相逢莫言醉。"朋友们兴奋地说,这是个好酒名儿啊!去注册个商标吧!侯先生真的花了1000元钱,到商标局注册了"莫言醉"的商标,并通过了审查。

意想不到的是,6年后喜从天降,作家莫言获得了诺贝尔文学奖。莫言获奖后,全国有多位酒老板找到侯先生,想用重金买走"莫言醉"商标,价格飙涨到600万元,侯先生仍然不肯出手。他说:莫言是第

# 莫言醉

**莫言醉商标**

一个荣获诺贝尔文学奖的中国籍作家，"莫言醉"有文学价值。

在全国一片"莫言热"的情况下，原来不起眼的普通商标"莫言醉"开始成为酒企争夺的焦点，价格不断翻倍。从开始的600万元升值到税后1000万元，其价值已是当初注册花费1000元的1万倍。

商标是提升市场竞争的有力工具，会增加产品的影响力，通过商标权利人的宣传和产品的质量增加产品对于大众的熟悉度，提升产品的价值。比如，我们通常买东西会买我们熟悉品牌的产品，我们了解这个品牌，信任这个品牌。商标代表了商品的质量，代表了商品的声誉。

# 第 12 章

# 商标撤销问题

## 商标注销和商标撤销的区别

商标注销，是指商标局根据商标注册人本人或者他人的申请，将注册商标注销或部分注销的法律程序。

商标撤销，是指商标局对违反《商标法》及有关规定的行为做出决定或裁定，使原注册商标专用权归于消灭的程序。依照《商标法》第四十九条的规定，基于法定的事由，商标局可以决定或裁定撤销注册商标。

商标注销与商标撤销的主要区别有两个：一是商标注销后是可以重新申请的，但是商标撤销后就不能再次申请了。二是，一般来说，商标注销是主动行为，是商标注册人主动采取的行为，而商标撤销却是被动行为，是被商标局裁定撤销或者他人申请撤销的行为。

商标注销有 3 种情形：第一种是商标申请人主动注销商标。第二种是商标有 10 年有限期，到期后不续展的，也需注销。第三种是商标注册人死亡或终止。

那么，什么情况下商标会被撤销呢？

有3种情形：第一种是商标3年没有使用，商标局就会撤销该商标；第二种是不当注册的商标也被撤销；第三种是存在争议的商标会被撤销。

以上就是商标注销与商标撤销的区别。商标注册不易，如有好商标，一定要尽快注册，注册后，还要使用好、保护好商标！切不可粗心大意，因为《商标法》第五十条规定：注册商标被撤销、被宣告无效或者期满不再续展的，自撤销、宣告无效或者注销之日起1年内，商标局对与该商标相同或者近似的商标注册申请，不予核准。

### 商标撤销法则

我们常说的撤销多为以连续3年不使用为由的撤销，而最近几年撤三呈现越来越多的趋势。除了连续3年不使用撤销，撤销案件还有另外一种形式：成为通用名称的撤销。

因为商标的资源非常有限，常用汉字3000多个，英文字母只有26个，好的名称资源客户想要，但是发现已经为别人先占了怎么办？撤销。以连续3年不使用为由撤销是最方便、最简单、容易操作且成功率较高（举证责任倒置）的方式。

如果被他人提起撤三，我们的客户就需要向商标局提交商标使用证据。哪些形式的商标使用证据可以被接受认可呢？

如果是商品，比较常见的就是商品的外包装、容器、标签、标牌、说明书、手册等，当然也包括交易文书、发票、合同等。在广告宣传或展览中的使用也可以认定为商标实际使用的证据。比如说，在广播电视媒体网络上的使用或者在报刊书籍等出版物上的使用。当然，这里的出版物必须是经国务院新闻出版行政管理部门批准的公开发行的出版物，这才是在有效的出版物上的使用。广告牌、邮寄广告、展览会或者博览会的资料和照片也可以。

服务商标的使用证据。服务往往看不见摸不着，比如说，律师事务所的商标直接用于法律服务，如果律师事务所的服务商标被他人提起撤三，也是有可能的，那该怎么办呢？律师事务所提供法律服务一般都会与客户签订法律服务合同，这时应尽可能地把律师事务所的注册商标印制在合同醒目的位置上。这样每次与客户签订法律服务合同都会有一个服务商标的使用。另外如餐饮行业的商标可以使用在店招、菜单、价目表、碗碟、纸巾上面等，以及使用在信封、发货单、服务协议上等。

### 提出撤销申请要有正当理由

《商标法》第四十九条规定：注册商标成为其核定使用的商品的通用名称或者没有正当理由连续3年不使用的，任何单位或个人可以向商标局申请撤销其注册商标。

近两年，商标局依法撤销3年未使用的商标占撤销申请文的50%以上，说明提出申请的一方，大多是有充分依据的，证明被提商标注册人3年中确实没有使用其商标。

但也有一些申请方是另有原因的，比如，提出撤销3年未使用商标的申请方，想拥有一商标的专用权，但别人已注册使用，申请方先向对方提出转让该注册商标，协议不成又不肯放弃该注册商标的名称，于是想出此招撤销商标注册人的专用商标，向商标局提出撤销申请。实际上，注册人一直在使用其商标。

应该说，申请人的这种动意，是有违《商标法》立法宗旨的，《商标法实施细则》指出，任何人都可以向商标局申请撤销该注册商标（指3年未使用注册商标），并说明有关情况。这其中的"说明有关情况"应该是有所指的。

任何人提出撤销申请的同时，应另附有书面报告，其内容应是被提撤销商标的市场调查结果，或该商标注册人3年内的经营状况调查等有关的文件，只有这样才能说明申请人确实是依法办事。

## 连续3年不使用商标的正当理由

什么情形下连续3年不使用注册商标，却不会被撤销呢？这就需要了解连续3年不使用的正当理由。《商标法实施条例》第六十七条列举了《商标法》第四十九条规定的正当理由。

（1）不可抗力：基本上我们遇不到，不常见。比如，汶川地震就属于不可抗力。

（2）政府政策性限制：因国家政策限制停止使用的比较常见。比如说，禽流感。如果禽流感现在正在肆虐，那么家禽肉制品的商标就极有可能受到限制。这种情形下，可以提供国家出台的政策文件作为不使用的正当理由。

（3）破产清算：进入破产清算的企业停止使用商标的，也可以作为不使用的正当理由。

（4）其他不可归责于商标注册人的正当理由。

《商标法实施细则》第二十九条规定：商标局应当通知商标注册人，限其在收到通知之日起3个月内提供该商标使用的证明或者不使用的正当理由。

比如，一些驰名商标或著名商标实行了保护性注册，注册人在以外的类别商品也注册了相同名称的商标，实行保护性措施。出于此种原因，有许多类别的注册商标根本就不使用，按照《商标法》有关规定就有被提3年不使用被撤销的可能，这显然不利于保护和发展驰名商标。

所以，在《商标法实施细则》中提出不使用注册商标的正当理由一点上，应注明被商标局认定的驰名商标，或××级别以上行政机关认定的著名商标，可以视为不使用是正当理由，以有助于驰名商标的创立与发展。

## 案例分享

### 案例一：商标用了 10 多年，突然被撤销

A 是一家专业做各种胶带的厂家，建厂 10 多年了，经销商渠道遍布大江南北，生意做得不错，旗下 B 商标在同行中具有一定的知名度，计划申报省级著名商标。可是 2015 年 B 商标被日本一家株式会社提出撤销，因连续 3 年不使用。

A 拿着撤三答辩通知找到我们时，我们发现答辩期限已经只剩几天了，遂告知客户须马上提出答辩，以免商标被撤销。客户说自己的商标刚刚续展成功，已经用了十几年了，不可能被撤销。最终，这个客户没有选择答辩，他的理解是：这不符合常理，商标用了十几年，在行业中具有较高的知名度，别人在没有任何证据证明的情况下随随便便提出撤销，难道商标局就能把我的商标撤销了？

结果大家应该都猜到了，他的商标被撤销了，提出撤三的日本株式会社成功注册了 B 商标……

这是一个真实的案例，并且这样的案例不断在上演，有些及时答辩保住了商标，有些没有及时答辩甚至答辩通知书都不曾收到的，莫名其妙商标就被撤销了。撤销，每年都在递增，未来将会更多，谁也无法保证自己的商标不被他人提出撤销，商标权利人要及时做好应对。要及时变更商标注册地址，确保地址可收文；保留商标使用证据，确保商标使用安全。

### 案例二:"康王"商标 3 年不使用被撤销案

2007 年 9 月 18 日,围绕着"康王"商标而引发的一场历时 5 年之久的错综复杂的商标权纠纷,在北京市高级人民法院尘埃落定。曾于 2003 年合法受让"康王"商标的云南滇虹药业集团股份有限公司,最终被法院认定未按照法律的规定在 3 年内合法使用注册商标,判决撤销了商标评审委员会做出的维持"康王"商标注册的决定,责令商标评审委员会重新做出撤销复审的决定。

"康王"商标的"战争"起源还要追溯到十几年前。1995 年,"康王"商标最先由北京康丽雅健康科技总公司取得注册,并于 2001 年 4 月授权云南滇虹药业集团股份有限公司进行使用。2003 年 5 月,康丽雅公司又与云南滇虹药业集团股份有限公司签订了"康王"商标的

商标评审委员会做出评审争议裁定(图片来自商标局)

转让协议。自此，云南滇虹药业集团股份有限公司成为"康王"商标的合法商标权人。

但是，早在"康王"商标权易主之前，广东省汕头市康王精细化工实业有限公司的前身潮阳市康王精细化工实业有限公司就以连续3年停止使用为由，向商标局提出了撤销"康王"商标的申请。

2006年8月，康王精细化工实业有限公司向北京市第一中级人民法院提起诉讼，要求撤销商标评审委员会关于维持"康王"商标注册的决定。北京市第一中级人民法院一审支持了康王精细化工实业有限公司的诉讼请求，判决撤销商标评审委员会做出的维持"康王"商标注册的决定，由商标评审委员会就"康王"商标重新做出撤销复审的决定。

从商标纠纷来看，这是一个精彩的案例，双方公司基本采用了法律赋予的所有权利，用尽了司法和行政的所有程序。撤销注册商标，对当事人的利益影响非常大，因此对于违反有关法律规定的行为，《商标法》给司法提供了比较好的依据："商标连续3年停止使用的，由商标局责令限期改正或者撤销其注册商标。"

法律规定很清楚，有了问题，可以责令改正，也可以撤销。其实第一位是为了维护经济秩序，促进商标的实际使用。撤销，也是敦促使用的威慑条款。商标局应维护这个秩序，维护正当使用，并且给予一定的法律上的正当帮助。所以这个案子本身引出来的问题，是具有深刻意义的。

# 第13章 商标保护问题

## 如何保护自己的商标

(1) 已经注册的商标才受法律保障。经商标局核准注册的商标为注册商标，商标注册人对该注册商标享有商标专用权，受法律保护。

(2) 商标注册人有权依照法律规定，通过签订商标使用许可合同的形式，许可他人使用其注册商标。若他人未经本人同意私自使用该商标，要马上通过法律途径进行阻止。

(3) 商标注册人有使用注册商标的义务。如果注册商标自核准之日起连续3年停止使用，该商标将可能被依法撤销，所以要注意时间。

(4) 对侵犯注册商标专用权的行为，被侵权人可以向县级以上工商行政管理机关投诉，请求工商行政管理机关对侵权案件进行查处。也可以直接向人民法院起诉。人民法院通过审判程序，维护商标专用权人的合法权益。

在我们的商标被侵权时，要及时拿起法律的武器去维护自己的合法权益，保护自己的合法使用权。

## 申请期间的商标如何保护

根据《商标法》第三十九条规定，注册商标的有效期为10年，自核准注册之日其计算。这意味着我国现行商标的保护仅仅局限于从注册商标获得核准注册之日起计算，在申请商标注册期间，该商标因未获得核准注册，故不予保护。即使该商标日后获得核准注册，也不具有追溯力。

但《商标法》第三十六条给予了例外规定，即对在初审公告期间提出异议后的商标，经审查异议不成立的，虽然对在核准前的他人的商标侵权行为不具追溯力，但如果他人恶意造成损失，此时可以提出赔偿主张。对于商标到期续展宽展期内，商标未获核准前，此时若他人侵犯商标专用权，商标注册人的合法权益是受法律保护的。

## 在先权利对商标权利的保护

商标注册在先权，通俗地讲，就是在别人申请跟你相同或者近似的商标时，如果别人的申请时间比你要早，那么别人有在先注册商标权。但是当你申请商标时，如果与你类似的商标在你之前申请且没有发布初审公告时，你是无法判定自己的商标是否可以申请成功的。

### 1. 在先权利的认定

商标的根本作用在于区分商品及服务，因此注册商标首先应避免与在先申请或者注册的商标相冲突；又因商品及服务所涉及的权利范围并不局限于商标权，为避免造成混淆，注册商标也不应与他人其他权利相冲突。《商标法》第三十二条便是对此立法精神的具体描述，故本条规定的现有在先权利是指在系争商标（争议涉及的商标）申请注册日之前已经取得的，除商标权以外的其他权利，主要包括其他知识产权及我国《民法通则》中所规定的相关人身权。

### 2. 侵犯在先权利的行为

（1）侵犯著作权。未经著作权人的许可，将他人享有著作权的作品申请注册商标，应认定为对他人在先著作权的侵犯。著作权人可通过著作权登记证书，在先公开发表该作品的证据材料，在先通过继承、转让等证据材料证明著作权的存在。如果系争商标注册申请人能够证明其商标是独立创作完成的，则不构成对他人在先著作权的侵犯。

（2）侵犯外观设计专利权。未经专利权人的授权，在相同或者类似商品上，将他人享有专利权的外观设计申请注册商标的，应当认定为对他人在先外观设计专利权的侵犯。关于系争商标与外观设计相同或者近似的判断，按照系争商标与外观设计的整体进行比对，或系争商标的主体显著部分与外观设计的要部进行比对的审查标准进行判定。

（3）侵犯商号权。将与他人在先登记、使用并具有一定知名度的商号相同或者基本相同的文字申请注册为商标，容易导致相关公众误以为该商标所标识的商品或服务来自商号权人，或者与商号权人有某种特定联系，致使在先商号权人的利益可能受到损害的，应当认定为对他人在先商号权的侵犯。

（4）侵犯姓名权。未经他人许可，将其本名、笔名、艺名、别名申请注册商标，给他人姓名权造成或者可能造成损害的，应当认定为对他人姓名权的侵犯。在判断过程中，应当考虑该姓名权人在社会公众当中的知晓程度。

（5）侵犯肖像权。未经他人许可，将其肖像申请注册商标，给他人肖像权造成或者可能造成损害的，应当认定为对他人肖像权的侵犯。虽然一些系争商标与他人肖像在构图上有所不同，但反映了他人的主要形象特征，可使社会公众的认知指向该肖像权人，也应认定为使用其肖像。

### 3. 在先权利的法律效力

在先权利的法律效力主要表现为两个方面：一是在先权利的存在可以成为申请商标注册的阻却和注册商标的撤销事由。二是在先权利的存在可以构成注册商标专用权的限制事由。

（1）在先权利构成申请商标注册的阻却和注册商标的撤销事由。从《商标法》第三十一条规定可以得出结论：如果申请注册的商标与在先权利相同或者近似，或者存在其他形式的冲突，则商标注册审查部门可以直接驳回相关商标注册申请；在异议程序中，相关权利人也可以在先权利的存在为由提出异议，从而阻止相关商标获得注册。对于虽然可能与其他在先权利存在冲突，但已经获得注册的商标，相关权利人可以通过争议程序要求撤销争议商标。

《商标法》第四十五条规定："已经注册的商标，违反本法第十三条（关于驰名商标保护）、第三十一条（在先权利保护和未注册商标保护）规定的，自商标注册之日起5年内，商标所有人或者利害关系人可以请求商标评审委员会裁定撤销该注册商标。对恶意注册的，驰名商标所有人不受5年的时间限制。"

在先权利的存在可以成为申请商标注册的阻却和注册商标的撤销事由，但并不意味着任何在先权利都可以具备这种法律效力。只有在全国范围内具备较高知名度或者具有一定影响力的在先权利，才可以成为申请商标注册的阻却和注册商标的撤销事由。

（2）注册商标专用权是依据《商标法》经申请、审查程序获得，其专用权效力只限于核准注册的商标和核定使用的商品（服务），但范围涉及全国。从逻辑上推理，商标权人在申请商标注册时，只可能预见那些已经具有较高市场知名度的标识并采取措施进行避免，而对于知名度较低的标识难以预见。如果任何在先权利都可以阻止他人申请商标注册或者撤销注册商标，则无异于要求商标注册申请人检索并避免所有可能的在先权利标识，这显然是不可能的。同时，由此也可能导致所有的注册商标权都处于权利不稳定的状态。此外，从社会公平角度考量，这种做法可能造成严重的不公平，导致社会成本急剧增加。

### 4. 商标在先权的法律意义

《商标法》对于在先权利的保护则主要体现在商标确权的程序中，包括在注册申请的审查程序中将与在先权利相冲突直接作为驳回理由、在异议以及争议程序中给予在先权利人提供阻止在后申请商标获准注册或撤销其注册的救济。

《商标法》第三十二条规定："申请商标注册不得损害他人现有的在先权利，也不得以不正当手段抢先注册他人已经使用并有一定影响的商标。"从结构上看，该条款分为前半段和后半段两个部分。本文将该条款前半段称为"在先权利"条款。"在先权利"条款与我国参加的国际条约的规定相符。《与贸易有关的知识产权协议》明确规定："侵犯他人合法的在先权利"应是拒绝商标注册的合法根据之一。《保护工业产权巴黎公约》也规定成员国可以拒绝注册侵犯第三人既得权利的商标或者使其注册无效。然而在我国，关于"在先权利"条款的解释适用问题理论上迭生争议，实践中容易导致混乱，因此需要加以认真对待。

《商标法》第四十五条规定，已经注册的商标，违反该法第三十一条规定的,自商标注册之日起 5 年内,商标所有人或者利害关系人可以请求商标评审委员会裁定撤销该注册商标。因此可以推知,违反"在先权利"条款所发生的法律效果,依商标所有人或者利害关系人是否请求商标评审委员会撤销而定。若在商标注册之日起 5 年内申请撤销,则该注册商标将无效。若在商标注册之日起 5 年内未提出撤销申请,即不得再以此为理由申请撤销注册商标。

《商标法》第三十三条规定,对初步审定公告的商标,自公告之日起 3 个月内,任何人均可以提出异议。该条关于异议的理由,并未予以限定。既然任何人都可以未限定的任何理由提起异议,利害关系人当然也可以利用异议程序。

那么,对于损害在先权利的商标注册申请,商标局可否主动不予注册?理论上讲,商标局当然可以主动驳回申请,不予注册,从《商标法》第三十条也可以得出该结论。但在实践中,由于在先权利包罗万象,其存在与否、存在范围、申请商标注册是否会对其造成损害等都处于不明朗、不明确的状态,指望商标局在商标申请的单方程序中查明所有可能存在的在先权利,并对损害在先权利的商标注册申请都予以驳回,确属不可能。

进一步的问题是,既然如此,那么在商标注册之后,能否要求商标局或者商标评审委员会,发现注册商标有损害在先权利之事情,不待在先权利人或利害关系人的申请,主动纠错,撤销该商标?

从表面上理解《商标法》,可得出上述结论。但是,考察《商标法》第五章对注册商标争议的裁定可以发现,《商标法》只规定,对违反该法第十条、第十一条、第十二条规定的，或者是以欺骗手段或者其他不正当手段取得注册的，由商标局撤销该注册商标。其余情形，均须他人提出申请，才可以撤销。因此，损害在先权利的商标申请，一旦已经获得注册，则只能由利害关系人提出申请，才可以撤销。

以上所述，是关于"在先权利"条款的法律效果的一种解释，此外，若超出解释论的立场，在应然法上，事中救济和事后救济应有差别。

### 注册防御商标进行商标保护

企业想要长远发展，注册商标已经成了许多人的共识。但是很多企业往往认为只要注册了自己要用的类目就万事大吉，而忽略了对商标的防御。其实注册防御商标对于作为商标所有人的企业而言，意义不可小觑。商标保护的手段很多，除了通过异议、申诉、无效以外，还有一个办法能防患于未然，比起前面几种手段，这个方法更考验企业的商标保护意识。

这个方法就是注册"防御商标"。企业通过注册多个防御商标，可以达到降低品牌被山寨的风险，降低商标维权成本，防止其他企业恶意竞争等目的。最出名的莫过于阿里巴巴注册了大量"阿里叔叔""阿里爷爷"等。

一般来说，企业注册防御商标有两种手段。

首先是跨类别防御。顾名思义，商标有45个类别，跨类别防御即同一个商标在不同类别上注册。这些类别有可能是企业未来可能涉足的领域，提前注册为企业自己预留商标。还有一些是企业不一定会涉足，但是被他人注册后会对企业造成影响的商标。

例如，在分类表上第32大类的啤酒、矿泉水上注册后，为防止他人在企业今后可涉足的白酒、红酒以及乳制品上抢先注册同一商标，又在第33大类的白酒、红酒及第29大类的乳制品上注册该商标。

另一个方法就是同类别防御。这是商标所有人为了防范他人在同类别商品（或服务）上申请类似商标而准备的。

一般来说，类似商标都会在审查阶段被驳回，但是商标近似判断虽然有相应的准则，却依然受到主观判断的影响。所以有时候企业认为近似的商标，商标局竟然通过了。这有可能是对方通过复审答辩拯救了自己的商标。但对于企业来说，这个近似商标的存在可不是好事。

因此企业干脆先下手为强，通过自己"山寨"自己的方式，在同行业、同类别内注册与原商标近音、同音或字形近似的商标。

跨类别注册+同类别防御，基本上就能挡住大部分的蹭名牌行为，也能为日后企业跨行业发展做好准备。但需要注意的是，这些防御商标依然是有缺陷的。

防御商标的尴尬之处在于，这些商标注册后，不一定会投入企业的实际使用当中，于是依照《商标法》规定，是有可能面临被撤三的风险的。

另外一个风险是，由于防御商标往往数量众多，如果企业管理不善，很容易遗漏，导致商标过期。根据《商标法》规定，商标注册成功之后的有效使用期为 10 年，在有效期满前 12 个月，商标申请人可以申请商标续展；在续展期内未提出续展申请的，还有 6 个月的宽展期，在宽展期如果未提出商标续展申请，期满后商标局将注销商标。

## 商标变更和商标续展如何保护商标

商标的变更，是指变更注册商标的注册人、注册地址或者其他事项。申请人变更其名义、地址、代理人，或者删减指定的商品的，可以向商标局办理变更手续。如果要改变注册商标的文字、图形，则应当重新提出商标注册申请，按新申请商标对待，不能称为商标变更。

商标续展，根据《商标法》第三十九条及《商标法实施条例》第三十三条规定，注册商标的有效期为 10 年。注册商标有效期满后需要继续使用的，应当在期满前的 12 个月内按照规定办理续展手续；在此期间未能办理的，可以给予 6 个月的宽展期。每次续展注册的有效期为 10 年，自该商标上一届有效期满次日起计算。期满未办理续展手续的，注销其注册商标。

如果商标到期和商标注册人的名义、地址或者其他注册事项发生变动处在同一时期，权利人能不能将续展和变更放在一起来做呢？

可以理解，这种想法是为了能够节省时间，但我还是建议权利人最好先做变更，然后再去办理续展手续，因为续展可能会出现驳回的情况，同时做的话可能花费的时间会更长。

申请变更商标的，需要按照下面的步骤走。

（1）准备申请书件；

（2）提交申请书件；

（3）缴纳变更规费。

在做好变更商标之后，就要去申请商标续展，基本要走下面几个流程。

### 1. 向商标局提出续展申请

注意：在申请的时候，一定要向商标局寄送商标续展注册申请书1份。同时送商标图样10张，核准指定颜色的商标还应送原彩色商标图样，交回原商标注册证，并缴纳费用。

其中还要注意，报送的商标要与商标注册证上核准的图样相一致，文字商标不要任意改变字体，否则，商标局将不会续展注册。

### 2. 原商标注册证被加注发还

续展商标注册申请后经过商标局的审查核准后，原商标注册证就会被加注发还，并会对其予以公告。

但如果商标是法律规定不能予以续展的情形，商标局就会做出驳回决定。

对商标局驳回续展注册申请不服的，可以在收到驳回通知之日起 15 天内，将驳回续展复审申请书 1 份寄送商标评审委员会申请复审，同时附送原商标续展注册申请书和驳回通知，并缴纳评审费。

## 商标使用有地域限制吗

许多人好奇，商标使用有地域限制吗？答案是有的。不过，这个地域限制并不是国内的地域限制，而是国际上的。

注册商标专用权仅在商标注册国享受法律保护，非注册国没有保护的义务。在我国注册的商标要在其他国家获得商标专用权并受到法律保护，就必须分别在这些国家进行注册，或者通过《马德里协定》等国际知识产权条约在协定的成员国申请领土延伸。

除了地域性外，商标其实还有几个特性。

### 1. 独占性

指商标注册人对其注册商标享有独占使用权。赋予注册商标所有人独占使用权的基本目的，在商业中未经许可的所有使用，都将构成对商标专用权的侵害。

具体来说就是：

（1）商标注册人有权依据《商标法》的相关规定，将其注册商标使用在其核准使用的商品、商品包装上或者服务、服务设施上，任何他人不得干涉；

（2）商标注册人有权禁止任何其他人未经其许可擅自在同一种或类似商品上使用与其注册商标相同或者近似的商标；

（3）商标注册人有权许可他人使用自己的注册商标，也可以将自己的注册商标转让给他人，这种许可或转让要符合法律规定并履行一定的法律手续。

## 2. 时效性

各国的商标法一般都规定了对商标专用权的保护期限。有的国家规定的长些，有的国家规定的短些，多则20年，少则7年，大多数是10年。

我国注册商标的有效期为10年，自核准注册之日起计算。

如果想要续展，商标注册人应当在期满前12个月内按照规定办理续展手续，在此期间未能办理的，可以给予6个月的宽展期。每次续展注册的有效期为10年，自该商标上一届有效期满次日起计算。期满未办理续展手续的，注销其注册商标。

## 四大重点领域品牌保护类别推荐

表 2-13-1~ 表 2-13-8 分别列示了在互联网、美业、餐饮和服装四大重点领域的品牌保护类别推荐，并附有对品牌发展布局关联领域的推荐。

表 2-13-1　互联网领域品牌保护类别（推荐）

|   | 类别 | 使用商品 |
| --- | --- | --- |
| 1 | 09 类－软件 APP | 手机应用软件、APP、智能科技设备等 |
| 2 | 42 类－网站服务 | 程序开发、网站建设、数据安全咨询等 |
| 3 | 35 类－广告销售 | 招商加盟、特许授权、商业管理、电子商务、广告等 |
| 4 | 45 类－社会服务 | 社交陪伴、公众号、计算机软件许可、法律服务 |

表 2-13-2　互联网领域品牌发展布局关联领域（推荐）

|   | 类别 | 使用商品 |
| --- | --- | --- |
| 1 | 16 类－办公用品 | 海报、新闻刊物、笔墨纸砚等 |
| 2 | 36 类－金融物管 | 金融、评估、经纪、担保、互联网支付等 |
| 3 | 38 类－通信服务 | 信息传送、提供全球计算机网络用户接入服务等 |
| 4 | 41 类－教育娱乐 | 教育培训、组织会议、影视互动娱乐、俱乐部等 |

### 表 2-13-3　美业领域品牌保护类别（推荐）

| | 类别 | 使用商品 |
|---|---|---|
| 1 | 03 类－日化用品 | 化妆品、香水、肥皂、牙膏、熏料、精油、洗衣液等 |
| 2 | 05 类－健康食品 | 胶原蛋白、瘦身、营养品、功能性保健品 |
| 3 | 10 类－美容仪器 | 健美按摩仪器、矫形用物品、拘束衣 |
| 4 | 21 类－化妆用具 | 餐具、化妆用具、修面、睫毛刷、美容成套工具 |
| 5 | 35 类－广告销售 | 招商加盟、特许授权、商业管理、电子商务、广告等 |
| 6 | 44 类－医疗园艺 | 修指甲、医疗服务、理疗、美容院、按摩、化妆服务 |

### 表 2-13-4　美业领域品牌发展布局关联领域（推荐）

| | 类别 | 使用商品 |
|---|---|---|
| 1 | 07 类－机器设备 | 美容仪器、美容智能科技设备等 |
| 2 | 09 类－美容 APP | 手机应用软件、APP、智能科技设备等 |
| 3 | 16 类－办公用品 | 纸巾、海报、新闻刊物、笔墨纸砚等 |
| 4 | 25 类－服装鞋帽 | 工装、鞋、帽、袜、围巾、手套、领带等 |
| 5 | 30 类－美容食品 | 燕窝、咖啡、饼干、瘦身食品、营养食品等 |
| 6 | 31 类－养生食品 | 燕麦、农特产、新鲜水果、新鲜蔬菜等 |
| 7 | 32 类－美容饮料 | 不含酒精饮料、酸梅汤、果汁、水、瘦身饮料等 |
| 8 | 45 类－社会服务 | 社交陪伴、公众号、计算机软件许可、法律服务 |

### 表 2-13-5　餐饮领域品牌保护类别（推荐）

|   | 类别 | 使用商品 |
|---|---|---|
| 1 | 43 类－餐饮住宿 | 餐馆、旅馆、茶馆、酒店、快餐店、料理店等 |
| 2 | 21 类－厨房洁具 | 餐具、厨房炊事用具、玻璃器皿、饮水用具、刷子等 |
| 3 | 35 类－广告销售 | 招商加盟、特许授权、商业管理、电子商务、广告等 |

### 表 2-13-6　餐饮领域品牌发展布局关联领域（推荐）

|   | 类别 | 使用商品 |
|---|---|---|
| 1 | 09 类－餐饮 APP | 手机应用软件、APP、智能科技设备等 |
| 2 | 16 类－办公用品 | 纸巾、海报、新闻刊物、笔墨纸砚等 |
| 3 | 25 类－服装鞋帽 | 工装、鞋、帽、袜、围巾、手套、领带等 |
| 4 | 29 类－食品罐头 | 肉、鱼、果肉、鸡蛋、牛奶、食用油、坚果等 |
| 5 | 30 类－调味茶糖 | 茶、糖果、五谷杂粮、米、盐、酱、醋等 |
| 6 | 31 类－养生食品 | 未加工的谷物及农产品、新鲜果蔬、海鲜等 |
| 7 | 32 类－啤酒饮料 | 不含酒精饮料、酸梅汤、果汁、水、饮料等 |
| 8 | 33 类－酒 | 白酒、葡萄酒、青稞酒、黄酒、酒精饮料等 |
| 9 | 45 类－社会服务 | 社交陪伴、公众号、计算机软件许可、法律服务 |

### 表 2-13-7　服装领域品牌保护类别（推荐）

| | 类别 | 使用商品 |
|---|---|---|
| 1 | 25 类－服装鞋帽 | 服装、内衣、鞋、帽、袜、围巾、手套、领带等 |
| 2 | 18 类－皮革皮具 | 皮革、皮包、钱包、箱子、手杖、伞 |
| 3 | 35 类－广告销售 | 招商加盟、特许授权、商业管理、电子商务、广告等 |

### 表 2-13-8　服装领域品牌发展布局关联领域（推荐）

| | 类别 | 使用商品 |
|---|---|---|
| 1 | 07 类－机器设备 | 纺织机器 |
| 2 | 09 类－服装 APP | 手机应用软件、APP、智能科技设备等 |
| 3 | 16 类－办公用品 | 纸巾、海报、新闻刊物、笔墨纸砚等 |
| 4 | 10 类－矫形服装 | 智能穿戴、医疗 |
| 5 | 26 类－纽扣拉链 | 花边、饰品、编带、纽扣、拉链等 |
| 6 | 23 类－纺织用纱 | 纺织用纱、线、毛线等 |
| 7 | 24 类－日用纺织 | 布料、床单、被套、毯、毛巾等 |
| 8 | 42 类－服装设计 | 包装设计、服装设计服务等 |
| 9 | 45 类－社会服务 | 社交陪伴、公众号、计算机软件许可、法律服务 |

## 案例分享

### 案例一：蓝瓶咖啡提前 5 年布局商标保护

2002 年起源于文艺小城奥克兰的蓝瓶咖啡骨子里是一个"文艺青年"，被誉为咖啡界的苹果公司。

截至 2018 年年中，蓝瓶咖啡在美国和日本有 55 家分店，有 3 家分店处于待开状态，而 2016 年年底，蓝瓶咖啡的数量还只是 29 家。

蓝瓶咖啡虽然还未正式进入中国市场，但是在中国知识产权方面，尤其是在商标注册方面显得很有经验，对于商标保护的投入比较大。

通过商标局网查询商标注册情况发现，蓝瓶咖啡 2013—2017 年在不同的时间段申请各类商标，涉及"BLUE BOTTLE COFFEE""HANDSOME COFFEE ROASTERS""蓝瓶咖啡"等，一共有 26 件商标，其中有些处于"等待实质审查"，有些已注册。

其中最早于 2013 年 7 月 27 日申请的 2 个商标已注册，商品/服务内容分别是烘焙的咖啡豆和小餐馆服务/咖啡店，专利权期限是 2023 年 6 月 25 日。也就是说，最早注册的商标距离专利权到期日只有 5 年的时间。

其他大部分商标属于第 30 类，核定使用于咖啡类饮料上。这 26 件商标里面透露着蓝瓶咖啡准备进入中国的品类。此外还有一些商标适用于广告、自动售货机出租、咖啡馆服务等其他方面。也就是说，蓝瓶咖啡进入中国不仅仅是开咖啡馆,也已经做好了在线零售和自动售卖等方面的准备。

保护品牌,商标注册要先行。而蓝瓶咖啡用自身实际行动,充分诠释了"项目未动,商标先行"。蓝瓶咖啡提前注册好相关商标,不仅可以避免被他人抢注的隐患,也给品牌加了一层保障。

### 案例二:天津"狗不理"公司商标保护案

1991年1月,被告高某与被告天龙阁饭店签订合作协议,建立以经营天津正宗狗不理包子为主的餐馆。1991年3月,天龙阁饭店开业,在店门上方悬挂由高某制作的写有"正宗天津狗不理包子第四代传人高某某、第五代传人高某"字样牌匾一块。

天津狗不理饮食公司对此认为:天津狗不理饮食公司早在1980年就对"天津狗不理包子"进行了商标注册登记。天龙阁饭店与高某协议合作建立以天津正宗"狗不理包子"为主的餐馆,并在该店门上方悬挂"天津狗不理包子"牌匾,系侵害其商标专用权的行为,遂向法院提起诉讼,要求两被告停止侵权行为。

经法院对该案进行再审查明,原判认定的事实基本清楚。另查明下列事实:

天龙阁饭店店门上方悬挂的牌匾,中间为大字"天津狗不理包子",上为小字"正宗",下为小字"第四代传人高某某、第五代传人高某";未悬挂天龙阁饭店牌匾。天龙阁饭店经营期间盈利44800元。

法院认为:"天津狗不理牌"商标是天津狗不理饮食公司注册的有效商标,依法享有专有使用权,并受法律保护。高某虽系狗不理包子创始人的后代,但其不享有"天津狗不理牌"商标的使用权,亦无权与天龙阁饭店签订有关"天津狗不理牌"商标使用的协议。两被告制作并悬挂牌匾,是以在饭店销售狗不理包子为目的,不是以宣传"狗

关于两地"狗不理"对簿公堂的报道(网络截图)

不理包子"的传人为目的,其未经天津狗不理饮食公司的许可,擅自制作并使用"天津狗不理牌"商标,属于商标侵权行为,构成对原告商标专用权的侵害。

作为饮食业饭店出售的包子,属于一种特殊商品,消费者要区分哪个店是"天津狗不理包子"的经营者,主要就是根据经营者门前所悬挂的牌匾来辨别的。天龙阁饭店经营包子,门前悬挂"天津狗不理包子"的牌匾,其目的就是利用"天津狗不理"这一具有知名度的商标品牌,获取较大的经济利益。本案两被告的经营和销售行为均已构成对原告商标专用权的侵害,应当依法承担侵害商标专用权的法律责任。

提醒企业,在从事科技创新的同时,应当及时将自己的科技研发成果,向国家知识产权局申请专利,将产品使用的商标,及时向商标局申请注册,使自己的知识产权依法得到法律的确认,以确保自主创新成果不被他人侵害,保证企业科技创新成果能够长期为企业服务。

# 第 14 章

# 商标维权问题

## 为什么要了解商标维权

了解商标维权,一方面可以避免侵权,另一方面也可以避免在实质审查阶段因为自己申请的商标与他人已注册或在自己之前申请注册的商标相同或近似而被驳回,节省人力和财力。如果企业经营过程中经常需要与其他品牌合作甚至竞争,那么了解商标的维权可以避免日后出现商标权的争议。

## 商标侵权的认定

商标侵权是指行为人未经商标权人许可,在相同或类似商品上使用与其注册商标相同或近似的商标,或者其他干涉、妨碍商标权人使用其注册商标,损害商标权人合法权益的行为。侵权人通常须承担停止侵权的责任，明知或应知是侵权的行为人还要承担赔偿的责任。情节严重的，还要承担刑事责任。

对"近似商标"的认定通常应从两个方面考虑：一是两个商标所使用的商品或服务是否相同或相类似；二是两个商标的标识的主体部分是否相近似。具体认定以普通消费者的一般注意力作为评判的主观标准，并采用整体比较与商标显著部分比较相结合的方法，进行综合判断。

实践中多以商标的音、形、义三个要素考察。即读音是否相同；外形是否相近，是否可能导致普通消费者直观上的误认；意思是否相同等来判断。如果有一个以上的因素相同，并且可能造成混淆，基本上可以认定为近似商标。

所谓"类似商品"，是指在功能、用途、消费对象、销售渠道等方面相关，或者存在着特定联系的商品。所谓"类似服务"，是指在服务的目的、方式、对象等方面相关，或者存在特定联系的服务。我国对此采用《尼斯协定》的规定，并同时考虑商品或服务的用途、用户、功能、销售渠道、销售习惯等综合判断。

所谓"其他损害行为"，依据《商标法实施条例》及其司法解释的规定，包括：一是在同一种或类似商品上，将与他人注册商标相同或近似的文字、图形等作为商品名称或者商品装潢使用，并足以造成误认的；二是故意为侵犯他人注册商标专用权的行为提供仓储、运输、邮寄、隐匿等便利条件；三是将与他人注册商标相同或者相近似的文字作为企业的字号在相同或者类似商品上突出使用，容易使相关公众产生误认的；四是复制、模仿、翻译他人注册的驰名商标或者其主要部分在不相同或者不相类似商品上作为商标使用，误导公众，致使该驰名商标注册人的利益可能受到损害的；五是将与他人注册商标相同或者相近似的文字注册为域名，并通过该域名进行相关商品交易的电子商务，容易使相关公众产生误认的。

## 商标侵权的 9 种形态

（1）未经注册商标所有人许可，在同一种或者类似商品上使用与其注册商标相同或者近似的商标的；

（2）销售明知是假冒注册商标的商品的；

（3）伪造、擅自制造他人注册商标标识或者销售伪造、擅自制造的注册商标标识的；

（4）经销明知或者应知是侵犯他人注册商标专用权商品的；

（5）在同一种或类似商品上，将与他人注册商标相同或者近似的文字、图形作为商品名称或者商品装潢使用并足以造成误认的；

（6）故意为侵犯他人注册商标专用权行为提供仓储、运输、邮寄、隐匿等便利条件的；

（7）将与他人驰名商标相同或近似的商标使用在非类似的商品上且会暗示该商品与驰名商标注册人存在某种联系，从而可能使驰名商标注册人的权益受到损害的；

（8）自驰名商标认定之日起，他人与该驰名商标相同或者近似的文字作为企业名称的一部分使用且可能引起公众误认的；

（9）给他人的注册商标专用权造成其他损害的。

除了商标侵权形态外，还存在着对他人商标的恶意注册或恶意限制，主要包括：

（1）恶意将他人商标注册在其他类别；

（2）恶意将他人商标在国外注册；

（3）代理人恶意注册被代理人的商标。

遇到以上几种侵权的情况，商标专用权被侵权的自然人或者法人在民事上有权要求侵权人停止侵害、消除影响、赔偿损失。

## 使用相同或者近似商标一定构成侵权吗

未经过商标注册人的许可，使用相同或者近似商标就一定构成商标侵权吗？并不是这样。

当使用相同或近似商标时是否侵权要视其商标使用是否有正当的理由。举个例子，"本草"商标是某个使用在药品上的注册商标，但是另一个企业在口服液的包装上使用了"本草药＋中草药"的文字，以此来表示该口服液的商标成分。在这个案例中，"本草药＋中草药"是作为商品的正常说明，而不是作为商标也不是作为商品名称使用的，所以并不会构成侵权。

所以使用相同或者近似商标不一定构成商标侵权，需要视其是否具有正当理由。

## 处理商标侵权的 2 种途径

（1）行政查处。这种方法的主要优势在于，查处力度大，查处行动快。对制假者和售假者打击迅速，能有效制止侵权行为的蔓延。但单独使用这一方法，很难将法律赋予投诉人的权利用尽。这里所指的主要是损害赔偿问题。

一般来说，侵权行为人因实施了侵权行为会给被侵权人带来经济上的损失，同时投诉人为制止侵权行为会投入一定的资金和人力，许多企业都希望侵权行为人因实施了侵权行为对被侵权人提供一定的经济赔偿，以弥补被侵权人所遭受的损失。现行的《商标法》《产品质量法》里都有明确的规定，但由于通过行政机关请求赔偿，在执行过程中存在一定的难度，因此被侵权人权利不能用尽。

（2）诉讼程序。这一程序的优势在于，查处力量大，投诉人可以依据有关法律规定，要求侵权行为人对其实施的侵权行为给被侵权人造成的损失予以赔偿。但诉讼程序相对复杂，投诉人很难在没有专业律师的协助下单独实施。

两种方法选哪一种更好，要根据不同案件具体情况具体分析。

## 商标维权 4 步走

一旦发生商标被侵权的情况，该怎么办？基本可以采取下面 4 个步骤进行商标维权。

第一步，要注意对证据的收集。只有在证据充足的情况下，才有利于行政执法机关或司法审判机关对某一行为是否为侵权行为尽快地加以认定。证据是影响案件办理的前提条件。诉讼法中规定，证明案件真实情况的一切事实为证据。因此我们在收集证据时，也要严格遵守这一原则。也就是说，我们要尽可能地去寻找与案件有关，并能证明案件真实情况的证据。

概括地说，我们这里所说的证据主要是指以下几个方面的内容。

（1）被侵权人的在先权利证明文件（包括商标注册证、专利证明、版权登记证明、与案件有关的获奖情况证明等）。

（2）被侵权人的产品样本。

（3）侵权产品样本。

（4）购买侵权产品的证明。这里主要是指购买发票。在发票上一定要注明侵权产品名称、购买侵权产品的地点、侵权产品的价格、销售人的名称等事项。

第二步，我们在对证据进行了初步的收集整理后，应该到专业的商标代理机构进行咨询。专业人士会对案件进行初步的分析，并会对细节问题提供专业建议，有利于我们更好地办理案件。

第三步，制作投诉书或起诉书。投诉书或起诉书的制作要注意将事实和语气有效地结合在一起，以利于案件的顺利进行。投诉书或起诉书是直接影响案件进程的最直接因素，因此建议委托专业人士来完成。

同时，《商标法》明文规定，"外国人或者外国企业在中国申请商标注册和办理其他商标事宜的，应当委托依法设立的商标代理机构办理"。换言之，外国人或外国企业在中国境内办理商标侵权案件，应委托依法设立的商标代理机构办理。

第四步，进行投诉或起诉。

## 超出商标授权范围也构成侵犯商标权

在侵犯商标权的各种纠纷中，有一类纠纷日益引起人们的注意，此类纠纷表现为被授权许可使用商标的一方违反授权方的协议范围使用商标。具体表现为：在协议约定的期限终止后仍然生产或者销售贴附有授权人商标的商品；超出约定数量生产或销售贴附有授权人商标的商品；在协议约定的商品种类之外生产或销售贴附有授权人商标的商品等。上述纠纷的产生都源自被授权许可使用商标的一方违反约定的许可范围而产生。

超出许可范围使用商标构成违约人们不难理解，但是如何理解其侵害商标权的性质呢？对于超出许可范围使用商标的行为，似乎在外观上与纯粹未经许可擅自使用他人商标的行为有所区别。例如，某制造商为某商标权人贴牌生产某商品，合同约定生产500件，但制造商实际生产了600件，对于超出范围的100件，虽然在商标使用上具有未经授权的权利，但其质量、原料、工艺、实际生产厂商，都与其他500件并无区别。

那么，这种行为为什么会侵害商标权呢？这就要从商标权的本质进行分析。

商标权本质上是商标所有人对特定符号与特定商品之间对应关系的支配权，而不是对商标符号的支配权。侵犯商标权的本质并不是对物理标识的歪曲、篡改或者替换，而在于切断商标标识和商标权利人的联系，欺骗消费者使其发生混淆和误认，盗用商标权人诚实劳动所积累的商誉。

换言之，商标是特定商业标识与特定商品或服务之间的联系，而不是商业标识本身。因此，保护商标就是为了保护商品生产者、服务提供者经过苦心经营而建立起来的自身与商标的唯一联系，而不是为了保护商业标识本身。

商标权的效能要得到实现，需要商标与产品进行结合，但是这种结合的行为只能专属于商标权利人，任何其他个人或组织，在未获合法授权的情况下，不得擅自将商标与产品进行结合。

而违反与授权方约定的数量、时间或者商品类别而使用授权方的商标的行为，在超出的数量、时间或者商品类别上所生产的商品上将产品与商标进行了结合，实际上虚构了其与商品所指示的来源的关系，盗用和搭乘了商标权人的商誉，攫取了本应属于商标权人的商业利益。

此外，这种商品流入市场后，还会挤占商标权人的市场份额，造成其市场需求的减少。除了损害商标的来源指示功能，这种行为还会损害商标的质量保障功能。违反与授权方约定的数量、时间或者商品类别而使用授权方的商标的行为，很可能使得这部分商品的生产脱离了商标授权许可使用人的监管和质量控制，使得其质量不再稳定，同时也因为不是真正的正牌商品而很可能在维修服务和后期保障方面被商标权人拒绝，因而会损害消费者的利益，并且反过来也会降低商标权人的商誉，造成其市场评价不断降低。

## 被诉侵犯他人注册商标权该如何处理

如果企业意外收到法院传票，被告侵犯他人注册商标权，该如何应对呢？首先应确定是否存在故意侵权的行为，如果事实并非如此，那么可以根据自己的实际情况，从以下几个角度做出抗辩。

### 1. 主体不适格策略

根据《商标法》及《最高人民法院关于审理商标民事纠纷案件适用法律若干问题的解释》的规定，商标侵权诉讼的原告应当是注册商标的所有权人或者利害关系人。因此，原告的主体应当符合上述规定，如果原告不符合上述规定，被告可以提出原告诉讼主体不适格的抗辩。

### 2. 诉讼时效抗辩策略

侵犯注册商标专用权的诉讼时效为2年，自商标注册人或者利害权利人知道或者应当知道侵权行为之日起计算。商标注册人或者利害关系人超过2年起诉的，如果侵权行为在起诉时仍在持续，在该注册商标专用权有效期限内，人民法院应当判决被告停止侵权行为，侵权损害赔偿数额应当自权利人向人民法院起诉之日起向前推算2年计算。如果发现超过诉讼时效，可以此为由提出抗辩。

### 3. 不相同也不近似策略

《商标法》规定的是在同一种商品上使用与其注册商标相同的商标或使用与其注册商标近似的商标，则构成侵权。但如果企业能够找到证据证明自己所使用的商标与诉讼原告所指出的商标既不相同也不近似，则可以以此进行抗辩。

### 4. 在先使用抗辩策略

《商标法》第五十九条规定，商标注册人申请商标注册前，他人已经在同一种商品或者类似商品上先于商标注册人使用与注册商标相同或者近似并有一定影响的商标的，注册商标专用权人无权禁止该使用人在原使用范围内继续使用该商标，但可以要求其附加适当区别标识。如能证明限于注册权利人使用，则可成功抗辩。

### 5. 通用名抗辩策略

《商标法》第五十九条指出，注册商标中含有的本商品的通用名称、图形、型号，或者直接表示商品的质量、主要原料、功能、用途、重量、数量及其他特点，或者含有的地名，注册商标专用权人无权禁止他人正当使用。因此，如果某商标是商品的通用名称，不具有显著性，即使经过注册，仍然可以考虑通用名抗辩。

### 6. 撤三抗辩策略

《商标法》第四十九条规定，注册商标成为其核定使用的商品的通用名称或者没有正当理由连续3年不使用的，任何单位或者个人可以向商标局申请撤销该注册商标。如果发现商标权利人3年以上没使用，可以据此抗辩。

## 案例分享

### 案例一：商标维权狂魔——迪士尼

迪士尼能取得今天这样的成功，正是因为其始终重视提高产品的质量，并一直致力于对自己版权的保护工作。

1987年，日本滋贺县大津市立晴岚小学的106名毕业生在学校的游泳池内绘制米奇图案作为毕业纪念。这时迪士尼发现了，便以

迪士尼商标

"侵害著作权"为由，要求校方撤销画作。

迪士尼给出的理由是：绘制在泳池底的巨大米奇图案对学校来说是具有宣传意义的，属于未经允许的商用行为，故认定此举为侵权行为。校方迫于被起诉的压力撤销了画作。

在第61届奥斯卡颁奖典礼上，歌手舞蹈家艾琳·鲍曼饰演著名童话角色"白雪公主"与罗伯·劳演唱 Proud Mary 作为开场。其中，艾琳的"白雪公主"形象被迪士尼认为与其发行的动画长片《白雪公主与七个小矮人》中的白雪公主相似。

迪士尼认为，该角色在未经公司许可的情况下被用于展会，侵犯了迪士尼公司的著作权。为此，迪士尼公司在洛杉矶联邦法院向美国电影艺术与科学学院提起诉讼，起诉对方对白雪公主这一角色著作权的侵害及不正当竞争。

2015年7月，中国国产动画《汽车人总动员》上映后不久，众多媒体均指其抄袭迪士尼旗下的皮克斯动画工作室创作的《赛车总员》。然后，2016年6月，迪士尼和皮克斯公司起诉中国的3家公司，请求判令赔偿损失300万元、合理费用100万元。2017年，迪士尼公司胜诉并获赔135万元。

上述例子只是迪士尼在维权路上的几个典型案例，说起迪士尼的维权案例真是数不胜数。谁敢侵权，就死磕到底！迪士尼的"严打"作风确实也给各大企业带来了警醒。鉴于国内侵权山寨成风的现象，我认为，商标维权就是在维护正义，任何企业都可以做得天经地义、理直气壮。迪士尼对各种侵犯版权的行为都尽力去抗争的做法，对各大企业及个人都起到了杀鸡儆猴的作用。

## 案例二：百年品牌"立邦"维权成功

立邦涂料是世界知名的涂料制造商，成立于1883年，是世界上较早的涂料公司之一。1992年进入中国，在我国内也极具知名度，用户口碑一直很好。

然而树大招风，对于"立邦"这样的知名品牌而言，免不了会有人想打个擦边球捞点好处，傍名牌这种事在所难免，因此就会出现大量商标侵权行为。

为了有效防止商标侵权现象的发生，立邦涂料建立了自身知识产权保护管理体系。一方面，立邦涂料对常用商标展开全类注册保护，同时建立商标库，对可能使用的商标实施预先注册保护精进计划；另一方面，立邦涂料专门设立品牌维护部门，进行系统科学的日常监控管理，并安排稽查人员分别进行打击及专业渠道维护管理。此外，立邦涂料也进一步完善了合同保护及诉讼保护的法务保护体系，一旦发现任何假冒、侵犯立邦公司注册商标、贩售假冒伪劣产品的行为，便不遗余力地向当地相关执行机关进行投诉、配合查处或诉讼。据了解，截至 2018 年 7 月，立邦涂料的"傍名牌维权"行动可谓取得了

| | | | | | |
|---|---|---|---|---|---|
| 475 | 3909141 | 21 | 2004年02月12日 | N | 立邦油漆(香港)有限公司 |
| 476 | 3909140 | 1 | 2004年02月12日 | 立邦 | 立邦油漆(香港)有限公司 |
| 477 | 3909139 | 16 | 2004年02月12日 | 立邦 | 立邦油漆(香港)有限公司 |
| 478 | 3909138 | 17 | 2004年02月12日 | 立邦 | 立邦油漆(香港)有限公司 |
| 479 | 3646021 | 43 | 2003年07月24日 | 立邦 | 立邦油漆(香港)有限公司 |
| 480 | 3646020 | 43 | 2003年07月24日 | 立邦 | 立邦油漆(香港)有限公司 |
| 481 | 3646019 | 43 | 2003年07月24日 | N | 立邦油漆(香港)有限公司 |
| 482 | 3646018 | 44 | 2003年07月24日 | 立邦 | 立邦油漆(香港)有限公司 |
| 483 | 3646017 | 44 | 2003年07月24日 | 立邦;N | 立邦油漆(香港)有限公司 |
| 484 | 3646016 | 44 | 2003年07月24日 | N | 立邦油漆(香港)有限公司 |
| 485 | 3646015 | 45 | 2003年07月24日 | 立邦 | 立邦油漆(香港)有限公司 |
| 486 | 3646014 | 45 | 2003年07月24日 | 立邦;N | 立邦油漆(香港)有限公司 |
| 487 | 3646013 | 45 | 2003年07月24日 | 图形 | 立邦油漆(香港)有限公司 |
| 488 | 3574524 | 2 | 2003年05月30日 | 立邦漆彩苑 | 立邦油漆(香港)有限公司 |
| 489 | 3574523 | 19 | 2003年05月30日 | 立邦漆彩苑 | 立邦油漆(香港)有限公司 |
| 490 | 3574522 | 35 | 2003年05月30日 | 立邦漆彩苑 | 立邦油漆(香港)有限公司 |
| 491 | 3574521 | 37 | 2003年05月30日 | 立邦漆彩苑 | 立邦油漆(香港)有限公司 |
| 492 | 3550165 | 19 | 2003年05月08日 | 邦立 | 立邦油漆(香港)有限公司 |
| 493 | 3550164 | 19 | 2003年05月08日 | 立邦 | 立邦油漆(香港)有限公司 |
| 494 | 3550163 | 19 | 2003年05月08日 | 里邦 | 立邦油漆(香港)有限公司 |
| 495 | 3550162 | 19 | 2003年05月08日 | 礼邦 | 立邦油漆(香港)有限公司 |
| 496 | 3550161 | 19 | 2003年05月08日 | 厉邦 | 立邦油漆(香港)有限公司 |
| 497 | 3550160 | 19 | 2003年05月08日 | 粒邦 | 立邦油漆(香港)有限公司 |
| 498 | 3550159 | 19 | 2003年05月08日 | 立帮 | 立邦油漆(香港)有限公司 |
| 499 | 3550158 | 19 | 2003年05月08日 | 立榜 | 立邦油漆(香港)有限公司 |
| 500 | 3550157 | 19 | 2003年05月08日 | 立邦 | 立邦油漆(香港)有限公司 |

总记录数：647 | 页数：10 / 13   << < 6 7

立邦油漆（香港）有限公司名下的部分商标（图片来自商标局网）

优异成绩：线下打假行动 128 次，查处侵权假冒 151 家，线上查处侵权假冒 37 家；刑事立案 9 起；撤销网络侵权平台和侵权网络宣传页面共计 203 个。累计超过 500 起！

通过商标局官网可以查询到，在立邦油漆（香港）有限公司名下的商标多达 644 件，其中大量包含了"立邦"二字的商标，可见其商标保护措施做得相当完美。有了这样的底气，商标维权起来也就硬气、方便了许多。

商标之道

# 附录

# 附录 A 感恩墙

从 2004 年接触商标至今，感恩您的一路陪伴

排名不分先后

 王 琨 慧宇教育集团董事长
 梅先明 腾飞集团董事长
 罗振宇 罗辑思维创始人
 崔万志 演讲家旗袍先生
卢松松 松松兄弟会创始人

 茶道长 微商公社创始人
 小马宋 文案天才
 琦 琦 行动派创始人
 凌教头 微商会秘书长
 龚文祥 触电会创始人

 万能的大熊 大熊会创始人
 徐东遥 万人迷创始人
 曾 钧 操盘手创始人
 王 通 通王科技创始人
 姚俊锋 玩车教授创始人

 郑金华 微谷集团创始人
 徐 义 微商男神
 斓 斓 龙光汇宣发总裁
 前女友 不动瘦创始人
 江水平 互联网装修第一人

 艾王爷 艾王府集团创始人
 胡应邦 青山会创始人
 肖森舟 私董会创始人
 元 帅 藏御堂28泡CEO
    潘锦标 定位学会发起人

 寿 平 贴针灸创始人
 刘克亚 克亚营销创始人
 蝉 禅 朵嘉浓创始人
 K K 中国玩赚派创始人
 匡 方 匡扶会创始人

 郭俊峰 微商团创始人
 放牛哥 微商传媒CEO
 陈玉逍 澜庭集创始人
 陈 斌 金卫集团董事长
 郑多燕 亚洲健身女皇

 王 茹 星合盛文化创始人
 陈秀苗 雅熙国际创始人
 心 然 快粉创始人
 陈伯乐 男人袜创始人
 万 兵 摩能国际总裁

 天使哥 中国减肥之父
 管 鹏 K友汇创始人
 王双雄 微商出货培训第一人
 小 宛 微商社区创始人
 林大亮 极盟创始人

 刘 涛 原色美品牌创始人
 吴 迪 中国经济人脉第一人
 杨晶晶 演员
 笑 笑 香水女王创始人
 三 哥 瓦特博士品牌创始人

 刘 翔 智风暴创始人
 黄 刚 农特集团创始人
 老 光 大时代创始人
 马 涛 陈伯创始人
 黄 瑛 朵女郎创始人

 黄家辉 中辉集团董事长
 于常来 大卫博士创始人
 毛见闻 微电商操盘手创始人
 李 鲆 好鲜汇品牌创始人
 夫 子 三里人家创始人

 刘 君 粉嫩公主创始人
 莫七七 X基因创始人
 苏 红 苏写未来创始人
 胡静波 美颜秘笈创始人
 王 贺 单色舞蹈创始人

 钟晓莹 陈列共和设计创始人
 钟耀栋 卡拉美拉创始人
 周毅 昀尚集团创始人
 朱光天 凹得家具创始人
 朱留勇 凌沃网络创始人

 安杰 幸福海创始人
 安锡磊 百兽创始人
 白洁 美偲欧创始人
陈杰平 甄有才创始人
 陈鹏飞 中科华清创始人

 陈平 对庄科技创始人
 陈思廷 云商购创始人
 陈向阳 弗兹优创始人
 崔永吉 汇川医药创始人
 代俊伟 澳美创始人

 董健 少年创客创始人
 董子宁 佰草生活创始人
 高姗姗 和尔萌创始人
 高啸 轰隆隆创始人
 高征 欧氏地板创始人

 顾茂 一路无忧创始人
 顾先兵 特诺奇创始人
 关伟 诗蒂兰创始人
 官江河 奥琛实业创始人
 郭斌 泰合玺创始人

 郭耀伟 泛特宏景创始人
 何如 品味酒业创始人
 侯期任 绿友农创始人
 胡刚 艺美汇医疗创始人
 胡文中 虎牙电子创始人

黄金龙 鸿儒创始人
 黄利 功夫豆创始人
 黄驿然 恒耘科技创始人
 江珊 恒昌医药创始人
 姜蕾 多知互联创始人

 金肖平 国创实业创始人
 赖发达 卡贝科技创始人
 李东琦 欧亚先锋创始人
 李苗 大熊珠宝创始人
 李瑞东 醉梦酒业创始人

 李素泉 鱼乐城娱乐创始人
 李文 亿瘦创始人
 梁言 宏远上铖创始人
 林钢 享爱猫创始人
 刘波 和平蓉星创始人

 刘刚 向日葵汽车创始人
 刘国强 268教育软件创始人
 沈穗歆 纵贯通创始人
 刘洋 好兆头创始人
 卢汪洋 金樱食品创始人

 罗洽予 黑马学院执行院长
 罗元觉 猿人科技创始人
 闵怡波 好脉网络创始人
 牛文文 创业黑马董事长
 强小明 十方电子创始人

 邱远生 盛元中天创始人
 秋阳 保爱教育创始人
 石磊 株式会社BAIFUN创始人
 舒斯峰 奋斗广告创始人
 孙姣 降龙爪爪餐饮创始人

 孙其光 国都尚品创始人
 孙书棋 特安汇保创始人
 孙中涛 幸福感创始人
 涂小龙 世纪青苗创始人
 汪凡 雯柯文化创始人

 王琳 初来信息科技创始人
 王小玲 凌华峰创始人
 王训强 易物研选创始人
 王琰 东域信息创始人
王仲仲 古中润创始人

 张宇 新媒体商学院
 张增清 惊富建筑创始人
 赵松耿 可啦啦贸易创始人
 郑元东 玛姿宝生物创始人
 钟超 青柠微影创始人

 魏晓明 昇华艺术创始人
 吴敏 金爱农网络创始人
 吴清龙 微播信息创始人
 吴庆辉 普世安创始人
 吴瑕 七麦科技创始人

肖子龙 世礼书建尚学教育创始人
 谢玉辉 搜料信息创始人
 熊伟 大熊珠宝创始人
 徐郑冰 关山觉文化创始人
 许文杰 巨网科技创始人

 杨进 碳诺电子创始人
 杨锟 鼎泰富科技创始人
 杨锐 双登集团创始人
 杨雯 新美文化创始人
 杨志刚 车网天下创始人

 杨志勇 一只船教育创始人
 姚路飞 弘臻阁创始人
 应自鑫 欧琳厨具创始人
 由家俊 桃肌源创始人
 于世浩 公象未来创始人

 俞德全 浙高科技创始人
 袁泉 洛园生物创始人
 袁小琼 才标信息创始人
 张爱军 青花鱼创始人
 张金锋 网鱼信息创始人

张静茹 茂兴汽车创始人
 张望南 可可优品创始人
张锡炎 龙象旅游创始人
 张晓亮 仁义礼智文化创始人
 张秀杰 英诺特创始人

# 附录 B　明星客户商标

客户的认可，我们的骄傲

排名不分先后

商标：慧宇智业
注册类别：16 类、35 类、41 类

商标：腾飞国际
注册类别：10 类、18 类、25 类

商标：罗辑思维
注册类别：9 类、35 类、41 类、42 类

商标：旗袍先生
注册类别：10 类、18 类、25 类、41 类

商标：卢松松
注册类别：9 类、35 类、41 类、42 类

茶道长

商标：茶道长
注册类别：9 类、35 类、41 类、42 类

忽然想起你

商标：忽然想起你
注册类别：35 类、38 类、41 类、42 类

商标：行动派
注册类别：16 类、35 类、41 类

凌教头

商标：凌教头
注册类别：9 类、35 类、41 类、42 类

商标：触电会
注册类别：9 类、35 类、38 类、41 类、42 类

大 熊 会

商标：大熊会
注册类别：35 类、38 类、41 类、42 类

商标：万人迷
注册类别：9 类、35 类、38 类、41 类、42 类

优 士 圈

商标：优士圈
注册类别：9 类、35 类、38 类、41 类、42 类

通 王 科 技

商标：通王科技
注册类别：9 类、35 类、38 类、41 类、42 类

商标：玩车教授
注册类别：9 类、12 类、35 类、39 类、41 类、42 类

微谷集团

商标：微谷集团
注册类别：9 类、35 类、38 类、41 类、42 类

| | | | |
|---|---|---|---|
|  |  |  |  |
| 商标：龙光汇<br>注册类别：9类、35类、38类、41类、42类 | 商标：不动瘦<br>注册类别：5类、31类、35类、41类 | 商标：艾王府<br>商标：29类、30类、40类、41类 | 商标：青山会<br>注册类别：9类、35类、38类通、41类、42类 |
|  森舟梦想汇 |  | 定位学会 | 贴针灸 |
| 商标：森舟梦想汇、满口香<br>注册类别：9类、35类、41类、42类 | 商标：藏御堂<br>商标：29类、30类、40类、41类 | 商标：定位学会<br>注册类别：9类、35类、38类、41类、42类 | 商标：贴针灸<br>注册类别：5类、10类、30类、35类 |
| 克亚营销 | 朵嘉浓 | 玩赚派 |  |
| 商标：克亚营销<br>注册类别：9类、35类、38类、41类、42类 | 商标：朵嘉浓<br>注册类别：3类、21类、35类、41类、42类 | 商标：玩赚派<br>注册类别：9类、35类、41类、42类 | 商标：匡扶会<br>注册类别：9类、35类、38类、41类、42类 |
| 微商团 |  | 澜庭集 |  |
| 商标：微商团<br>注册类别：9类、35类、41类、42类 | 商标：微商传媒<br>注册类别：9类、35类、41类、42类 | 商标：澜庭集<br>注册类别：3类、9类、35类、41类、42类 | 商标：倍可亲<br>注册类别：5类、6类、7类、39类、40类 |

| | | | |
|---|---|---|---|
| 商标：多燕瘦<br>注册类别：5类、30类、31类、35类、41类 | 商标：三羌文化<br>注册类别：35类、41类、42类 | 商标：胶香天下<br>注册类别：3类、5类、9类、35类、42类 | 商标：男人袜的独白<br>注册类别：9类、25类、35类、42类 |
| 商标：摩能国际<br>注册类别：3类、35类、41类、42类 | 商标：天使哥<br>注册类别：5类、30类、31类、35类、41类 | 商标：K友汇<br>注册类别：9类、35类、38类、41类、42类 | 商标：王双雄<br>注册类别：9类、35类、41类、42类 |
| 商标：小宛<br>注册类别：9类、35类、41类、42类 | 商标：极盟<br>注册类别：9类、35类、41类 | 商标：原色美<br>注册类别：3类、35类、42类 | 商标：人脉经济<br>注册类别：9类、35类、41类、42类 |
| 商标：我的微商女友<br>注册类别：9类、35类、41类、42类 | 商标：瓦特博士<br>注册类别：3类、35类、42类 | 商标：农特微商<br>注册类别：9类、35类、41类、42类 | 商标：大时代<br>注册类别：25类、35类、38类、41类、42类 |

| | | | |
|---|---|---|---|
| 陈伯 |  |  |  |
| 商标：陈伯<br>注册类别：35 类、38 类、41 类、42 类 | 商标：朵女郎<br>注册类别：10 类、18 类、25 类 | 商标：中辉金建集团<br>注册类别：4 类、7 类、39 类、40 类 | 商标：大卫博士<br>注册类别：5 类、10 类、25 类、30 类、35 类 |
| 微电商操盘手 | 好鲆会 | 三里人家 | 粉嫩公主 |
| 商标：微电商操盘手<br>注册类别：35 类、38 类、41 类、42 类 | 商标：好鲆会<br>注册类别：35 类、38 类、41 类 | 商标：三里人家<br>注册类别：30 类、40 类、41 类、44 类 | 商标：粉嫩公主<br>注册类别：30 类、35 类、40 类、41 类、44 类 |
| X基因 | 苏写未来 | 美颜秘笈 | 单色舞蹈 |
| 商标：X 基因<br>注册类别：35 类、38 类、41 类、42 类 | 商标：苏写未来<br>注册类别：35 类、38 类、41 类、42 类 | 商标：美颜秘笈<br>注册类别：3 类、21 类、35 类、42 类 | 商标：单色舞蹈<br>注册类别：25 类、35 类、41 类 |
| @殿招 | MAZIPO | Sitilon |  |
| 商标：@ 殿招<br>注册类别：35 类 | 商标：MAZIPO<br>主持类别：5 类、9 类、30 类 | 商标：农特微商<br>注册类别：3 类、10 类、35 类、41 类、 | 商标：大时代<br>注册类别：25 类、35 类、38 类、41 类、42 类 |

| | | | |
|---|---|---|---|
| 吾善酿 | 梧桐珆原创时尚周 | 西部雄鹰 | 香知客 |
| 商标：吾善酿<br>注册类别：33 类 | 商标：梧桐珆原创时尚周<br>注册类别：35 类、38 类、45 类 | 商标：西部雄鹰<br>注册类别：9 类、42 类 | 商标：香知客<br>注册类别：3 类、14 类、20 类、35 类 |
| 享\|爱\|猫 | 小专鼠 | 幸福海 HAPPINESS THE SEA | 浔城故事 |
| 商标：享爱猫<br>注册类别：21 类、25 类、35 类、42 类、44 类 | 商标：小专鼠<br>注册类别：9 类、35 类、38 类、41 类 | 商标：幸福海<br>注册类别：3 类、16 类、35 类、41 类、44 类、45 类 | 商标：浔城故事<br>注册类别：29 类、30 类、33 类、35 类 |
| 一只船 | 一镇一厅 | 瑶医馆 | 艺美汇 |
| 商标：一只船<br>注册类别：9 类、35 类、41 类 | 商标：一镇一厅<br>注册类别：9 类、35 类、42 类 | 商标：瑶医馆<br>注册类别：5 类、35 类、41 类、44 类 | 商标：艺美汇<br>注册类别：44 类 |
| 悦享佳品 | 昀尚 YunShang | 猿人 | 遇见香氛 -COCOESSENCE- |
| 商标：悦享佳品<br>注册类别：5 类、29 类、30 类、32 类、35 类 | 商标：昀尚<br>注册类别：25 类、35 类 43 类 | 商标：猿人<br>注册类别：9 类、10 类 | 商标：遇见香氛<br>注册类别：2 类、3 类、24 类、35 类、44 类 |

| 奥景昇华 | YEAH SHOW | 凹得 | 班马车务 |
|---|---|---|---|
| 商标：奥景昇华<br>注册类别：35 类、41 类、42 类 | 商标：YEAH SHOW<br>注册类别：8 类、12 类、19 类、28 类 | 商标：凹得<br>注册类别：20 类、42 类 | 商标：班马车务<br>注册类别：35 类、37 类、42 类 |
| 百岁友 | 宝多宝 | 保爱 | 贝安娠 |
| 商标：百岁友<br>注册类别：3 类、10 类、25 类、35 类 | 商标：宝多宝<br>注册类别：31 类 | 商标：保爱<br>注册类别：16 类、26 类、35 类、38 类 | 商标：贝安娠<br>注册类别：5 类、10 类 |
| 初来 | 大熊翡翠 | 对庄翡翠 | 鹅炒饭 |
| 商标：初来<br>注册类别：9 类、16 类、35 类、41 类、42 类、45 类 | 商标：大熊翡翠<br>注册类别：14 类、35 类、38 类 | 商标：对庄翡翠<br>注册类别：9 类、35 类、36 类、40 类、42 类 | 商标：鹅炒饭<br>注册商标：40 类、43 类、30 类、35 类、33 类、29 类 |
|  | 房屋卫士 | 房兜兜 | 鳄肌源 |
| 商标：泛特宏景<br>注册类别：35 类、41 类 | 商标：房屋卫士<br>注册类别：23 类、29 类、41 类 | 商标：房兜兜<br>注册类别：9 类、35 类、42 类 | 商标：鳄肌源<br>注册类别：3 类、5 类、29 类、30 类、32 类、35 类 |

| | | | |
|---|---|---|---|
| **公象** | **工头帮** | **海洋时光** | **恒耘科技** |
| 商标：公象<br>注册类别：32类、34类、40类、42类、45类 | 商标：工头帮<br>注册类别：2类、35类、36类、39类 | 商标：海洋时光<br>注册类别：3类、9类、10类、35类、42类 | 商标：恒耘科技<br>注册类别：38类 |
| **宏远上铖超市** | **虎猫** | **金爱农** | **降龙爪爪** |
| 商标：宏远上铖超市<br>注册类别：35类 | 商标：虎猫<br>注册类别：9类、35类、38类、43类 | 商标：金爱农<br>注册类别：35类、36类、39类、42类 | 商标：降龙爪爪<br>注册类别：35类广告、30类调味、29类食品、43类餐饮 |
| **咔啦美啦** | **cobbe卡贝** | **开卷有益** | **康嘉奇** |
| 商标：卡啦美啦<br>注册类别：18类、24类、25类、35类 | 商标：卡贝<br>注册类别：6类、21类、35类 | 商标：开卷有益<br>注册类别：2类、10类、44类 | 商标：康嘉奇<br>注册类别：29类、30类、32类、35类、43类 |
| **快活鲜** | **可可优选** | **Kilala 可啦啦** | **矿机之家 minerhome** |
| 商标：快活鲜<br>注册类别：9类、35类、38类、42类 | 商标：可可优选<br>注册类别：16类、35类、40类、42类、45类 | 商标：可啦啦<br>注册类别：9类、21类、33类 | 商标：矿机之家<br>注册类别：9类、35类、41类 |

# 乐德诺

商标：乐德诺
注册类别：9类、28类、41类

# 凌华峰 LING HUA FENG

商标：凌华峰
注册类别：33类、35类、39类、44类

# Quintus

商标：昆塔思
注册类别：7类、8类、20类、30类

# 老街创客

商标：老街创客
注册类别：9类、35类、38类、45类

# 娜小莓

商标：娜小莓
注册类别：3类、31类、35类

# 洛园

商标：洛园
注册类别：10类、30类、35类、41类、42类

商标：流晶逸采
注册类别：41类

商标：美偲欧
注册类别：28类、41类

# 农友吧

商标：农友吧
注册类别：1类、5类、35类42类

# 欧琳

商标：欧琳
注册类别：7类、9类、11类、21类

# 跑步家

商标：跑步家
注册类别：16类、35类、38类、41类、42类

# 南法先生

商标：南法先生
注册类别：32类、33类

# 七麦 QIMAI.CN

商标：七麦
注册类别：28类、38类、41类、42类

商标：十方
注册类别：9类、16类、35类、41类

# 青柠

商标：青柠
注册类别：9类、35类、41类、43类

商标：青苗教育
注册类别：35类、41类、42类

| | | | |
|---|---|---|---|
| **双登集团**<br>SHUANGDENG GROUP<br><br>商标：双登集团<br>注册类别：9类 | **◎ 搜料**<br><br>商标：搜料<br>注册类别：1类、9类、17类、35类、42类 | **手机夺宝**<br><br>商标：手机夺宝<br>注册类别：9类、35类、38类、41类、42类 | **SPDING 斯泊丁**<br><br>商标：斯泊丁<br>注册类别：19类、37类、40类 |
| <br>**泰合玺**<br><br>商标：泰合玺<br>注册类别：3类、29类、30类、35类、44类 | **特惠分**<br><br>商标：特惠分<br>注册类别：9类、35类、36类、42类 | **特诺奇**<br><br>商标：特诺奇<br>注册类别：9类、35类 | **调皮鱼**<br><br>商标：调皮鱼<br>注册类别：9类、41类、42类 |
| **万销帮**<br><br>商标：万销帮<br>注册类别：9类、35类、39类、42类 | **拓伟智能**<br><br>商标：拓伟智能<br>注册类别：7类 | **童悦城**<br><br>商标：童悦城<br>注册类别：5类、9类、18类、41类、43类 | **威脉**<br><br>商标：威脉<br>注册商标：9类、35类、38类、42类 |
| **味姨**<br><br>商标：味姨<br>注册类别：3类、14类、18类、21类、24类、35类 | <br>商标：微播<br>注册类别：35类、36类、41类 | <br>商标：我画你拍<br>注册类别：9类、42类 | **无忧谷**<br><br>商标：无忧谷<br>注册类别：39类、41类、43类 |

| | | | |
|---|---|---|---|
| 再出发 | 知业务 | 臻强 |  |
| 商标：再出发<br>注册类别：10 类、37 类、40 类、44 类 | 商标：知业务<br>注册类别：9 类、38 类、42 类、45 类 | 商标：臻强<br>注册类别：16 类、30 类、32 类、40 类、42 类、45 类 | 商标：甄有才<br>注册类别：9 类、35 类、41 类 |
| 专心宝 | 中建尚学 | | |
| 商标：专心宝<br>注册类别：45 类 | 商标：中建尚学<br>注册类别：41 类 | | |

# 编后

## 一切品牌从商标开始！

2016年年底，商标先生方强找到我，说想出一本有关商标的图书。我问：为啥想出书？

方强说：科普商标常识，让创业者在商标上少走弯路！

### 《商标之道》出书背景

2012年，在优士圈互联网峰会上认识了商标先生方强，他刚刚开始在北京发展。在此之后我才有了商标意识，认识到一切品牌从商标开始，商标是品牌有效的保护。

在方强的帮助下，我们申请了"三羌文化"的商标，后面还申请了一系列的商标。因此和方强结下了商标之缘！

通过沟通，我了解到方强的家族在1997年就已经从事商标行业，见证了市场上各种商标侵权赔偿事件,而这其中大部分原因都是因为商标意识薄弱引起的。

方强,鉴于个人商标经历,他希望以简单易懂的商标案例,来提升和影响创业者的商标认知,因此就有了这本书的诞生。

我们坐下来开始谈这本品牌图书,之前书名叫作《商标危机》,主要讲商标专业知识和案例。我说:如果打造个人品牌,必须讲你的故事,尤其现在面临的这场危机。故事,让更多的人了解你,让更多的人信任你。商标知识和案例,作为你的专业体系,会更加让人信服。

我们做了深度沟通和访谈,挖掘了很多有关梦想的故事。

方强不禁感叹道:我自己都佩服我自己。

最后我们把书名确定为《商标之道》,非常大气的书名。

### 从帽子方强到商标先生

方强,17岁出道,14年商标之旅,注册过1万个以上商标。曾经2次创业,21岁赚了人生第一个50万元,25岁跌入低谷;3年内,又从欠款17万元,到逆袭赚到第一笔100万元。

曾经为罗振宇注册过"死磕侠"商标,其他还包括浪莎中国驰名商标、七匹狼驰名商标、劲霸、九牧卫浴、梦娜等知名商标。

从山里娃到"互联网商标第一人";从一个逃学打架的"坏小子"

到一个每年花 30 万元去学习的"学霸";从一无所有到坐拥自己的"买标网"平台;从一个曾经迷茫的技校小哥,到大咖们为他站台推荐客户……

一没有背景,二没有资历,三没有资金。

方强的人生是如何实现逆袭的呢?

他到底靠什么?

**方强身上的品质和精神,值得每一位创业者学习。**

第一,不怕输。每次跌入人生低谷,很快就会重整旗鼓。

第二,拥有梦想。每一次在人生低谷时,给自己画出清晰的梦想版图,直到——实现。

第三,超强的学习力。参加各种论坛和学习各种课程,并且向老师和朋友们学习各种技能和运营之道。

第四,善于思考。方强每一次创业都经过深度思考,比如第一次创业选择在百强县玉环创业,增加创业成功的概率。锁定自己的目标,深度思考。

第五,打造人脉圈子。我经常说,方强是一个销售天才,特别擅长处理人脉关系,进入任何一个圈子。他天生幽默,具有很强的亲和力,给人留下深刻的印象。他会给自己创造符号,比如帽子方强,我每次见到他时他都戴着帽子。后来他定位商标先生,显得更加专业。

方强是一个中专生,17 岁出道,毫无背景,毫无资源,全凭自己的勤奋和才智,在商标领域打下一片天地。

人生，需要梦想！万一能实现呢？只要去做，相信你一定可以！

## 《商标之道》打造个人品牌

《商标之道》是典型的个人品牌图书，全书可分为两篇。上篇是个人成长故事篇，主要讲作者方强如何从调皮捣蛋的学生成长为成功的创业者。

**故事，可以建立信任。**

书里有一个小故事特别感人，那时方强刚读初中，一次学校组织了一场课外劳动比赛，比赛内容是上山砍柴，柴多者胜出。

"从小就漫山遍野砍过柴的我，暗自下决心这次一定要表现出不一样的自己。我从拿起刀开始直到比赛结束，手没有停歇过。个子不高，身体不是特强壮的我，用身后堆起的成山的木柴证明了自己并不是一无是处。

虽然奖励只是一根两角钱的笔芯和一张'优秀劳动委员'的奖状，但这根两角钱的笔芯和这张奖状，对我却有无限的激励，那是我学生时代最有成就感的一天。后来，母亲专门找了块手帕把奖状包裹起来，放在家里的'保险箱'里。"

这个故事告诉我们：差学生虽然是会被老师忽略的那种，**但是人**

生是自己的，自己不能忽略自己的人生。

里面还有更多精彩的故事，真实展现了方强本人。每一个人的梦想，都值得尊重！

**专业，可以彰显品质！**

《商标之道》的下篇"商标先生讲商标"，讲了两个非常经典的商标案例和十大商标问题。

通过阅读这本图书，相信你会对商标形成一个全面的认知，至少懂得如何保护自己的品牌。

尤其对于创业者来说，一定要拥有商标意识，因为一个小小商标，可以承载你的梦想，同时也是未来的无形而巨大的财富。

品牌，只有注册商标，才能受到保护，同时才会属于自己。其中有一个案例：森舟茶业旗下的"满口香"，没有及时注册，并别人抢注，后来花费15万元把这个商标转让到森舟茶业的旗下。

针对创业者来说，"市场未动，商标先行"，必须遵循创业品牌规则。

品牌，也是一笔巨大的财富。书中讲了一个"莫言醉"的商标故事。一位喜欢喝酒的侯先生，和朋友聚会，说出了两句打油诗："酒逢知己千杯少，好友相逢莫言醉。"朋友们开玩笑时，"莫言醉"是一个好商标。侯先生真的花了1000多元注册了"莫言醉"的商标。6年后，作家莫言获得诺贝尔文学奖。很多酒厂老板找到侯先生购买"莫言醉"的商标，最后成交价格1000万元。从投资1000元到收获1000万元，整整涨了1万倍。

在未来，品牌对于创业和企业来说一定越来越重要。专业的事情，一定要找专业的人来做。希望各位创业者朋友们，有机会要好好读一读这本图书，因为一切品牌从商标开始！

《商标之道》这本图书，从策划到书稿整理和打磨，前后花费了近两年的时间。仅书名就修改多次，从《商标危机》到《商标之道》，再到《商标先生讲商标》，最后确定为《商标之道》。

这本图书的封面做了十多个书模，书中的内容也根据商标业务调整做了大的调整。

在此特别感谢陈继华老师、李思瑾老师，同时也特别感谢方强团队为这本图书做的付出。

出一本图书容易，但是出一本品牌图书不易。品牌图书的内容，必须经得住市场和时间的考验。

《商标之道》这本品牌图书，让你懂得一切品牌从商标开始！

——品牌图书策划人，王茹

2018 年 12 月 12 日于北京东方银座